U0513388

助力乡村振兴
出版计划

【现代乡村社会治理系列】

乡镇（街道）
社会工作服务站
建设指南

主　编　陈世永　何瑞菲

时代出版传媒股份有限公司
安徽科学技术出版社

图书在版编目(CIP)数据

乡镇(街道)社会工作服务站建设指南 / 陈世永,何
瑞菲主编. --合肥:安徽科学技术出版社,2024.1
助力乡村振兴出版计划. 现代乡村社会治理系列
ISBN 978-7-5337-8882-7

Ⅰ.①乡… Ⅱ.①陈…②何… Ⅲ.①农村-社会工
作-中国-指南 Ⅳ.①F323.89-62

中国国家版本馆 CIP 数据核字(2023)第 224913 号

乡镇(街道)社会工作服务站建设指南　　　　　　　主编　陈世永　何瑞菲

出 版 人:王筱文　　　　　　　选题策划:丁凌云　蒋贤骏　余登兵
责任编辑:张 扬　胡 铭　　　责任校对:张晓辉　　责任印制:李伦洲
装帧设计:武 迪
出版发行:安徽科学技术出版社　　　　　http://www.ahstp.net
(合肥市政务文化新区翡翠路 1118 号出版传媒广场,邮编:230071)
电话:(0551)63533330
印　　制:合肥华云印务有限责任公司　　电话:(0551)63418899
(如发现印装质量问题,影响阅读,请与印刷厂商联系调换)

开本:720×1010　1/16　　　印张:9.5　　　　　字数:156 千
版次:2024 年 1 月第 1 版　　　印次:2024 年 1 月第 1 次印刷

ISBN 978-7-5337-8882-7　　　　　　　　　　　定价:35.00 元

"助力乡村振兴出版计划"编委会

主 任

查结联

副主任

陈爱军　罗　平　卢仕仁　许光友
徐义流　夏　涛　马占文　吴文胜
　　　　董　磊

委 员

胡忠明　李泽福　马传喜　李　红
操海群　莫国富　郭志学　李升和
郑　可　张克文　朱寒冬　王圣东
　　　　刘　凯

【现代乡村社会治理系列】
[本系列主要由安徽农业大学、安徽省委党校(安徽行政学院)组织编写]

总主编: 马传喜
副总主编: 王华君　孙　超　张　超

出版说明

　　"助力乡村振兴出版计划"（以下简称"本计划"）以习近平新时代中国特色社会主义思想为指导，是在全国脱贫攻坚目标任务完成并向全面推进乡村振兴转进的重要历史时刻，由中共安徽省委宣传部主持实施的一项重点出版项目。

　　本计划以服务乡村振兴事业为出版定位，围绕乡村产业振兴、人才振兴、文化振兴、生态振兴和组织振兴展开，由《现代种植业实用技术》《现代养殖业实用技术》《新型农民职业技能提升》《现代农业科技与管理》《现代乡村社会治理》五个子系列组成，主要内容涵盖特色养殖业和疾病防控技术、特色种植业及病虫害绿色防控技术、集体经济发展、休闲农业和乡村旅游融合发展、新型农业经营主体培育、农村环境生态化治理、农村基层党建等。选题组织力求满足乡村振兴实务需求，编写内容努力做到通俗易懂。

　　本计划的呈现形式是以图书为主的融媒体出版物。图书的主要读者对象是新型农民、县乡村基层干部、"三农"工作者。为扩大传播面、提高传播效率，与图书出版同步，配套制作了部分精品音视频，在每册图书封底放置二维码，供扫码使用，以适应广大农民朋友的移动阅读需求。

　　本计划的编写和出版，代表了当前农业科研成果转化和普及的新进展，凝聚了乡村社会治理研究者和实务者的集体智慧，在此谨向有关单位和个人致以衷心的感谢！

　　虽然我们始终秉持高水平策划、高质量编写的精品出版理念，但因水平所限仍会有诸多不足和错漏之处，敬请广大读者提出宝贵意见和建议，以便修订再版时改正。

本册编写说明

中共中央、国务院《关于加强基层治理体系和治理能力现代化建设的意见》指出，基层治理是国家治理的基石，统筹推进乡镇(街道)和城乡社区治理是实现国家治理体系和治理能力现代化的基础工程。社会工作服务站(简称"社工站")是将基层治理工作落实落细的重要载体，是提升基层治理效能的创新性举措，也是打通为民服务的"最后一米"。加强社会工作服务站建设，对进一步完善城乡基层治理体系、增强基层民政服务能力、巩固脱贫攻坚成果、助力乡村振兴和基层治理现代化具有重要的现实意义。

为国者，以富民为本。习近平总书记指出，民生无小事，枝叶总关情。为民造福是立党为公、执政为民的本质要求。助力乡村振兴，坚持以社工站建设为抓手，群策群力，切实将民生工作精准落实到基层和群众，探索打造民生幸福的标杆，推动达成美好社区愿景，夯实社会治理共同体基础，以实现好、维护好、发展好最广大人民根本利益。

我国社工站建设，是由政府主导，高站位谋划，高标准推动。2021年，民政部提出"十四五"末基本实现社工站全覆盖目标。党的二十大报告对完善公共服务体系和提高公共服务水平也提出了更高要求。目前，全国各地社工站在政府重视、社会统筹、社区聚力、专家助力的基础上正多样化推进。

本书内容共分为六章。前五章主要阐述乡镇(街道)建设的依据、作用、原则、基本要求、基本服务内容、基本服务方法、基本服务流程等，第六章主要阐述乡镇(街道)社工站督导工作主要内容。本书在撰写过程中，坚持目标导向和效果导向，准确把握读者对象，力求内容通俗易懂，注重实用性和普适性，希望能为广大读者提供具有实践意义的指导。

目 录

第一章　乡镇(街道)社工站建设概述

▶ 第一节　乡镇(街道)社工站建设的依据

　　民政部《"十四五"民政事业发展规划》提出,要增强基层服务能力,总结推广乡镇(街道)社会工作人才队伍建设经验,推动乡镇(街道)社工站全覆盖,打通为民服务"最后一米"。2020年10月,在加强乡镇(街道)社会工作人才队伍建设推进会上,民政部领导发言时指出:力争"十四五"末,实现乡镇(街道)都有社工站,村(社区)都有社会工作者提供服务,社会工作的作用得到更加充分发挥,社会工作者的地位得到普遍认可。

一　志愿失灵与融合发展

　　萨拉蒙认为,志愿失灵,又称为"慈善失灵",是指非营利组织偏离了奉行社会公益或共益的宗旨,片面地以功利主义为趋向的信念、行为给消费者、社会、生态所带来的负效应。其主要体现在慈善供给不足、慈善的业余主义、慈善的特殊主义、慈善的家长式作风等方面。此外,萨拉蒙还指出非营利组织面临的三大危机:①财政危机。政府无法对所有的非营利组织提供财政支持,依靠传统私人募捐的形式难以支撑组织的运作。②经济危机。政府权力下放,市场越来越多地参与社会公共领域,非营利组织在市场中的竞争环境越发激烈,非营利组织生存空间备受挤压。③信任危机。个别非营利组织低成效、低效率,部分组织成员贪污腐败、中饱私囊,降低了非营利组织公信力,损害了非营利组织整体形象。由此,社会组织、社工机构在社会公共产品和公共服务的供给上存

1

在着缺陷。

我国社会工作机构作为民间公共服务领域的主体,可在一定程度上弥补政府在公共服务上的不足,其存在和发展具有较强的资源依赖性且自身存在着志愿失灵。全国范围内的社会工作机构发展参差不齐,社工机构作用的发挥强弱不均。一些社工机构为了承接更多的项目,拓展生存资源,挪用服务资源,而贫困群体、弱势群体真正需要的服务供给不足,在社会公共资源的配置上失去了应有的专业性和准确性,严重影响了社会工作服务质量,资源的转化与利用效率低,造成一定程度上的资源浪费。机构里的社会工作者像"游击队"一般,提供的社会服务较为分散,服务质量并没有达到预期效果。近年来,社会组织"去行政化"工作的不断推进,在一定程度上释放了社会服务机构活力,有效解决了政府无法解决的公共物品配给"效率"问题;但"去行政化"并不等于"去政府化",过于独立自主的社工机构在公共服务提供和公共资源供给上,容易造成社工机构间的不当竞争和社会资源的配置失衡。

中国专业社会工作与民政兜底性服务工作融合性发展是克服志愿失灵的有效途径。王思斌认为我国社会工作发展包括嵌入性发展、协同性发展、融合性发展三个阶段,中国社会工作正在并将进一步走向融合性发展,社会工作的融合主要是指:"专业社会工作与行政性社会工作(本土实践)密切结合,结成一体,进而一起达致共同目标的过程。"乡镇(街道)社工站就是在国家政策的指导下,专业的社会工作者进驻社工站,与政府行政社会工作联手,组成社会工作"大部队",共同磋商、研究、谋划民生兜底性社会工作服务方案和策略,并开展个案工作、小组工作和社区社会工作。行政社会工作者认同、欢迎并接纳专业社会工作者的介入,专业社会工作者主动配合行政社会工作,开展各项社会工作服务。第三方组织在社工站中能够有效发挥社会组织优势,连接政府与个人关系,拓展社工站资源,实施公益创投,承接政府民生服务项目。为了能让各方主体在公共服务供给中有效发挥专业化、精准化效用,乡镇(街道)社工站应运而生。

二)乡镇(街道)社工站的性质

乡镇(街道)社工站是我国社会工作发展历程中出现的新事物,是新时期中国特有的基层社会建设与民生服务保障的新模式。乡镇(街道)社工站是在各级党委的领导下,由各省民政部门积极推动和大力支持、各乡镇(街道)从事社会事务或社会救助工作的基层干部挂帅、社会服务机构积极参与、专业社会工作者具体承担服务工作的平台,是从事社会工作服务项目实施、社会服务机构发展、人民群众实际需求满足,引导社会各界力量参与社区治理,为社会事务提供精准化、专业化服务和支持的基层综合性服务平台。从目前各省份的情况看,乡镇(街道)社工站的站长通常由民政部门负责社会事务或社会救助工作的基层干部担任,部分省份乡镇(街道)社工站是由社会工作机构承接,民政部门通过直接购买社会工作岗位的方式支持乡镇(街道)社工站人才队伍的建设。

公益性、服务性、专业性是乡镇(街道)社工站的基本属性。公益性是指乡镇(街道)社工站聚焦解决人民群众急难愁盼问题,以保障改善民生、增进民生福祉、满足人民日益增长的美好生活需要为工作的出发点和落脚点,提供的是非营利的、利他的社会工作服务。服务性是指乡镇(街道)社工站承接政府公共服务职能,链接各类服务资源,提供面向社会弱势群体和困难群体的兜底性民生保障服务和面向社会大众不断提升获得感、幸福感、安全感的公共服务。专业性是指乡镇(街道)社工站是由专业的社会工作者秉持社会工作专业价值观,采用个案工作、小组工作、社区工作、社会行政等专业方法在社会救助、养老服务、儿童关爱、残障服务、社会组织服务、社区发展治理等领域提供专业的社会工作服务。乡镇(街道)社工站的基本属性决定了其在服务保障民生、推动基层民政事业发展中具有重要作用,为民政工作更好地发挥社会服务兜底性、基础性作用提供了平台,推动了民政事业行稳致远。

(三) 乡镇(街道)社工站建设的善治依据

格里·斯托克的治理理论认为,以各类私人部门和公民自愿性团体为主体的社会组织在参与社会治理的过程中,存在着国家和社会之间、公共部门和私人部门之间界限和责任方面的模糊性。在中国现实中,第三方组织既不能取代政府以强制性权力参与社会治理,也不能代替市场及时有效地配置社会资源,在参与社会治理、配置社会资源上有可能出现治理失灵。对此,俞可平提出的善治理论通过政府与私人部门之间的合作管理和伙伴关系,实现公共利益最大化的社会管理。乡镇(街道)社工站是政府公共权力下沉至乡镇(街道)基层的重要载体,也是促进社会工作融合发展的重要实现形式,能够形成社会治理良好的善治局面。善治理论提出了"政府是市场产品质量和社会服务质量的管理者","政府为社会所提供的各种公共产品应当比市场产品有更加严格的质量要求",特别是乡镇(街道)基层社会公共服务供给更是衡量基层政权是否高效的重要标准。为实现乡镇(街道)基层社会公共产品和公共服务高质量提供,政府以行政计划的方式在各乡镇(街道)基层设立社工站,调动社会资源,扩大基层社会服务范围,增强基层社会服务力量,有利于改善基层民政力量长期薄弱的状况,营造共建、共治、共享的社会治理格局,提升基层社会治理水平和治理能力,同时,通过专业社工服务巩固脱贫攻坚成果,助推乡村振兴战略实施。乡镇(街道)社工站通过规范化、科学化、高效化的社会服务,承接政府部分服务性、事务性、公益性的社会职能,充分激发调动广大人民群众的积极性、主动性、创造性,加快形成共建、共治、共享的社会治理新格局,打造自治、法治、德治"三治融合"的基层社会治理体系。

▶ 第二节 乡镇(街道)社工站建设的作用

一 提高基层民政服务能力

基层民政服务能力薄弱一直是制约民政工作高质量发展的痼疾。在2019年第十四次全国民政会议召开前夕,习近平总书记对民政工作做出了重要指示,要求"增强基层民政服务能力",这是对民政工作短板的深刻洞察。民政工作服务对象在基层,工作重心在基层,政策落实在基层,成效体现仍在基层,基层是践行"民政为民、民政爱民"理念的最佳平台,增强基层民政服务能力对做好民政工作至关重要。

增强基层民政服务能力,既要增加基层民政工作人员的数量,又要提升基层民政工作人员的专业能力。目前,在全国推进建设的乡镇(街道)社工站,把解决工作人员数量问题和提升工作人员专业能力问题统一起来,探索出了一条新时代增强基层民政服务能力的新路。这条"路",把基本服务单元放在乡镇(街道)层级,因为乡镇(街道)人民政府是我国行政体系中最基层的设置,直接面对、服务人民群众,民政工作是乡镇(街道)人民政府日常工作的重要内容。在乡镇(街道)建设社工站,为乡镇(街道)履行民政服务职能提供了保障条件。这条"路",把基层民政服务人员定位在社会工作专业人才上,因为社会工作是以利他主义为指导,以科学的知识为基础,运用科学的方法进行的助人服务活动。社会工作者就是专业化的民政人才队伍,他们能够遵循专业伦理规范,坚持"助人自助"宗旨,在社会服务、社会管理领域,综合运用专业知识、专业技能和专业方法,帮助有需要的个人、家庭、群体、组织和社区,整合社会资源,协调社会关系,预防和解决社会问题,恢复和发展社会功能,促进社会和谐。造就一支结构合理、素质优良的社会工作人才队伍,是新时代民政工作高质量发展的迫切需要。

二 促进基层治理现代化

我国的政权体系由中央、省(自治区、直辖市)、地级市、县(县级市)、乡镇(街道办事处)五级组成,实际的行政体系则向下延伸至村(居)民委员会。从行政层级体系的角度看,我国的基层主要是指县以下的乡镇和行政村、城市的街道办事处和居民委员会。基层治理则是城乡这两个层次及辖区事务的治理。这两个层次所辖领域和范围是城乡居民实际从事经济社会生活的场所和空间,也是政府行政体系与居民自治活动交汇的领域,其中的经济、政治、社会活动具有较大的复杂性。加上改革开放特别是进入21世纪以来城乡基层经济社会生活的快速变化,这就使得以增进人民福祉为目的,既使基层具有活力又使其保持稳定和秩序的基层治理更加具有迫切性和艰巨性。

基层治理以增进人民群众的福祉为出发点和落脚点。在内容上,主要是解决困弱群体的基本生活问题,使更多城乡居民共享改革和发展的成果,促进社会公平正义和实现基层社会秩序,使城乡居民安居乐业,有获得感、幸福感和安全感。在责任层次上,基层政府及部门负有主要责任,村居自治组织具有重要责任,城乡社区居民具有主体责任,各类社会组织和社会力量具有不能割裂的责任。在方法上,要促进城乡社区经济社会协调发展,做好面对困弱群体的兜底服务,加强公共服务和综合服务,实现法治与德治互补促进。包括社工机构在内的社会组织应发挥各自优势,在服务居民、促进居民有序参与村居事务、解决村居内部问题、有效参与基层治理方面发挥积极作用。《中共中央 国务院关于加强基层治理体系和治理能力现代化建设的意见》指出,要完善社会力量参与基层治理激励政策,创新社区与社会组织、社会工作者、社区志愿者、社会慈善资源的联动机制,支持建立乡镇(街道)购买社会工作服务机制和设立社区基金会等协作载体,吸纳社会力量参加基层应急救援,完善基层志愿服务制度。这里提出了各种社会力量合作联动促进社会治理的新思想。在促进基层治理体系和治理能力现代化建设方面,正在蓬勃兴起的乡镇(街道)社工站具有重要地位。

乡镇(街道)社工站作为由政府直接建立或支持建立的,以服务困弱群体、建构积极的社会关系体系、促进社会和谐为目标且具有专业性的服务主体,在促进基层治理体系和治理能力现代化建设方面具有一系列优势:①可以解决城乡居民现实生活中的问题;②可以作为政府与城乡居民的连接者,科学实施社会政策,反映居民需求,传递好社会服务;③可以协同整合各方力量进行有效服务和社区事务治理;④可以协调提供综合服务,提高总体工作效果,解决居民及社区的复杂问题;⑤可以持续跟进问题的解决过程、实施全面关怀,在深层次上改善社区和居民的状况;⑥可以在城乡村居的现实经济社会文化背景下开展专业服务,做实工作;⑦社会工作者尊重当地干部群众的经验和创造性,能激发和增强他们的积极性,共建社区;⑧社会工作以人为本、专业助人、建设社区的做法,可以促进基层治理向现代化发展。

三 助力乡村振兴

对于社会工作落地乡村、社会工作服务参与乡村发展建设的路径,已有不少探索和尝试。概括地说,大多以"项目制"的方式,即社会工作者或相关组织机构在政府(官方)或民间资源的支持下,以一定时间为周期,进入特定乡村,开展特定内容的服务,完成特定的目标任务后即结束离场。尤其是近些年来,政府购买服务盛行,一些乡村的社会工作服务多是以政府向社工机构购买项目服务的方式来组织开展。这种路径让社会工作得以在实施项目的乡村落地,当地社会工作服务得以开展起来,并对当地发展和乡村振兴起到一定的积极作用。但是,其局限性也很明显:如果项目不是各地普遍都有,那么受益的就只有少数地方,社会工作对乡村振兴的重要作用也就发挥得不充分。更重要的是,项目周期一般较短,社会工作服务无法持久深入且缺乏整体性,易流于表面、碎片化,很难有效发挥出对乡村振兴的作用。

当前,在民政部门主导推动下,全国各地正在加快建设乡镇(街道)社工站,这为社会工作在乡村振兴中发挥重要作用又提供了一条有效路径。因为乡镇(街道)社工站体系是政府建立的,它将常态化地存在于每个乡镇(街道),无论在具体运作管理上采取哪种模式,驻站社工都会持续存在并开展服务。这种方式能够最大限度地避免项目制缺乏普及性、持续性和深入性的问题。

同时,乡镇(街道)社工站是一个体系,除乡镇层面的社工站之外,还有村级的社会工作服务站点。当这个体系完全建立起来之后,"乡镇社工"将是一支庞大的队伍,其服务能够触及每个村庄、村落,而不仅仅是乡镇层面。粗略计算,我国有乡镇行政单位4万多个,村委会49万多个,当乡镇社工站体系完整建成后,将有10万名以上的乡镇社工活跃在各地乡村,形成助力乡村振兴的持久在场的社会工作服务队伍,从而为社会工作在乡村振兴中发挥重要作用奠定坚实基础。

当然,要更好地建设和运用乡镇社工站(体系),切实发挥其助力乡村振兴的作用,还有几个问题需要予以重视并解决。

一是在乡镇社工站(体系)建设中,应当更加关注并加快推进村级社工服务站点建设。社会工作服务的优势是"在场",即社会工作者紧贴老百姓,熟悉他们的各种情况,从而能够更精准、精细地提供服务,更有效地组织动员。乡镇社工能更好地贡献于乡村振兴,是因为他们是深入村庄、植根村庄的。通过村级社工服务站点的建设运行,能让广大社工更深地扎根乡村,为乡村振兴切实做出贡献。

二是在乡镇社工站及其社工的管理使用方面,要通过考核评估等方式引导其投身于乡村振兴有关的专业服务,为乡村振兴发挥有效作用。首先要减小乡镇社工协助完成民政等基层行政事务性工作的比例,鼓励其通过做好专业的救助帮扶关爱等服务,为乡村振兴凝聚群众基础;其次要引导乡镇社工做好村庄社区治理等工作,促进乡风文明、治理有效,为乡村全面振兴努力;最后要鼓励乡镇社工投入乡村产业振兴、经济发展以及其他方面的行动探索,更直接地贡献于乡村振兴的一些重点工作。

三是从多方面通过多种措施和方法加强乡镇社工站社工的能力建设,提升其服务乡村振兴的实践能力。乡村振兴社会工作服务相比于以往的社会工作服务有一定的新意,对实践者提出了新挑战。要通过社工界和政府等各方面的共同努力,支持鼓励各种有益的探索实践,及时总结分享,助力乡镇社工们更好地行动,在乡村振兴中逐步发挥更显著的作用。

▶ 第三节　乡镇(街道)社工站建设的原则

中共中央办公厅、国务院办公厅在《关于加快推进乡村人才振兴的意见》中指出,要加快推动乡镇(街道)社会工作服务站建设,加大本土社会工作专业人才培养力度,鼓励村干部、年轻党员等参加社会工作职业资格评价和各类教育培训;持续实施革命老区、民族地区、边疆地区社会工作专业人才支持计划。民政部在关于推进乡镇(街道)社工站建设的指导意见中强调,要始终坚持和加强党对社会工作的领导,坚持专业化发展方向和本地化发展思路。

一 要坚持党建引领

各地要加强社会工作人才队伍党组织建设、党员思想教育和党员发展等工作,确保社会工作人才队伍树牢"四个意识",坚定"四个自信",坚决做到"两个维护"。引导社会工作者在乡镇(街道)、村(社区)党组织领导下开展工作。在购买社会工作服务机构服务的过程中,注重审查机构负责人、发起人和管理人员的政治素质、从业经历和职业道德,对政治不合格的人员一律不予通过。

为进一步加强党对社会工作的全面领导,推进基层社工站标准化建设,以高质量党建引领社会工作高质量发展,各地要进行"支部建在站上"的实践探索。"支部建在站上"旨在通过基层社工站党建力量的先锋引领,构筑起社会工作践行群众路线、深入基层为民服务的有效通道。在社工站的建设过程中要实现基层社工站党的组织和党的工作全覆盖,充分发挥基层党组织的政治优势和组织优势,推动社工站在困难群众帮扶、老年人服务、困境儿童关爱保护、社会支持网络构建等方面发挥作用,促进基层治理与服务水平提升。

二 要坚持专业化发展方向

坚持专业化发展方向,就是要在建设乡镇(街道)社工站时,使社会工作有更多专业性。这主要表现在机构设置、人员选聘、任务分配、工作评价等几个方面。在机构设置上,不管是实体建设还是购买服务,都要把乡镇(街道)社工站看作协助政府更好地履行基本社会保障、基层社会治理、基本社会服务职责的专业机构,而不是政府部门完成行政任务的新"科室",在社工站的结构和制度建设上要建构现代社会组织的治理结构。在人员选聘上,要尽量选聘有社会工作专业背景、社会工作专业价值观明确坚定且有服务能力的人员,条件暂不具备的要积极促进工作站人员的专业化,让专业的人干专业的事。在任务分配上,县(区)、乡镇(街道)政府部门在给社工站分派任务时,既要把协助政府完成民生和社会治理任务说清压实,又要为社会工作者发挥专业作用留下空间,允许和鼓励社会工作人员运用专业方法更有效地完成工作任务,解决乡村振兴中的问题。在工作评价上,政府应该将行政管理方法与社会工作重过程、重综合长期效果的特点相结合,实行参与式评价。应该指出的是,乡镇(街道)社工站的专业化发展并不是政府的单方面责任,社会工作机构(人员)必须发挥主动精神,去建构专业化发展过程。这里需要说明的是,专业化发展不是抽象的,不是脱离当地经济社会文化基础的、书本上的、教条主义的"专业化",而是要在促进改善民生和基层社会治理创新、促进乡村振兴和推进农村现代化方面真正反映出专业的作用。如此一来,专业化发展又是与本地化相结合的。

三 要坚持本土化发展方向

从政策文本上看,乡镇(街道)社工站建设的本地化主要说的是人才的本地化。鉴于农村问题、乡村振兴的艰巨性和复杂性,要真正促进农村社会工作的发展,使其在乡村振兴中发挥应有作用,必须解决人才问题。由于社会工作发展的一般规律和我国存在的城乡巨大差别等方面的原因,在全国范围内,由城市的大学培养的专业社会工作人才长期扎根农村还存在一定的现实困难。在乡镇(街道)社工站建设中,坚持本地化思路有以下策略:

一是要积极吸引一些有志于服务农村社会工作的专业毕业生去农村工作,锻炼成长,这里也包括吸引相关专业高校毕业生到农村去,并进行专业转化。

二是支持符合条件的村干部、年轻党员、大学生"村官"、儿童主任等参加社会工作者职业水平考试,成为持证社会工作者。

三是对乡镇干部进行社会工作专业培训和教育,使其获得地方性的资格承认。

四是像某些地方已经实施的那样,积极支持当地与社会工作关系密切的其他系统的工作人员参加社会工作培训和社会工作者职业水平考试,成为"双料"的农村工作者,使他们能更有效地参与乡村振兴和农村现代化建设。

此外,当地城市的社工机构能持续有效地参与农村服务,也可以成为解决当下农村社会工作专业人员奇缺问题的一个补短板措施。

第二章 乡镇(街道)社工站建设基本要求

▶ **第一节 乡镇(街道)社工站建设的设施要求**

一 选址要求

按照"落在镇街、深入村居、问题导向、方便群众"的选址标准,依托党群服务中心、新时代文明实践中心、文化站、社会组织服务中心、儿童之家、养老服务中心等现有公共场地和服务资源,宜选址在人口集中、交通便利、辐射能力强、群众办事方便的地方。每个乡镇(街道)应当设立1个社工站,面积不小于100平方米。鼓励有条件的村(社区)根据需求设置社会工作室。

二 办公场所

社工站应具备满足日常所需的办公场所。社工办公室人均面积应不小于5平方米,并配置相应的办公设备设施。

三 活动场所

社工站应具备满足开展各类服务活动所需的场所,根据服务项目按照功能区划分个案工作室、小组活动室、多功能室、档案室等,并统一设立综合接待区和展示区等。以下设置标准可供参考。

(1)个案工作室面积不小于10平方米,尽量设置在安静、私密的位置,配置茶几、沙发、时钟等必要的设施和物品,有条件的可合理运用色彩、灯光和装饰物,以体现工作室的温馨、整洁、安全和舒适性。

(2)小组活动室面积不小于30平方米,并配置可移动或可拼接的桌椅等必要的活动设备,可与多功能室通用。

(3)多功能室面积不小于60平方米,并配置桌椅、多媒体、音响等必要的设施设备。

(4)档案室面积不小于10平方米,并配置档案柜等办公设备,可与办公室通用。

四 服务设施

合理设置服务窗口,社工站组织架构、服务人员信息、服务内容、服务流程、工作职责等上墙公开,并在醒目位置摆放有关政策法规等宣传资料;设置公共卫生间、举报(建议、投诉)箱和咨询电话等。

五 安全设施

站内配备防火防盗、安全逃生等安全设施,走廊设置防滑安全提示语,鼓励有条件的社工站购买公众责任险。组织站内社工定期开展安全检查、安全培训,确保社工站安全。

六 办公设备

社工站应配备桌椅、电脑、打印机、档案柜以及相应的办公文具用品等。

七 统一标识

社工站应统一形象标识,采用户外挂牌和室内挂牌两种形式,在显著位置挂设"社会工作服务站"标牌,标牌上文字格式为"××乡镇(街道)社会工作服务站"。标牌制作规格(供参考):横式,64厘米×45厘米(长×宽)。主要道路进口设置醒目的指向牌,并标明各场所分布和服务项目。

▶ 第二节　乡镇(街道)社工站建设的人员要求

一　配备方式

社工站应采取政府购买服务方式委托第三方机构或增设社会工作岗位聘用社会工作者的方式运营。

二　配备数量

按照乡镇(街道)的常住人口数量和服务对象情况等因素,每个社工站至少要配备2名驻站社工。

三　人员要求

驻站社工应具有一定的专业背景和能力,宜持有全国社会工作者职业水平证书或具有社会工作及相关专业大专及以上学历;每年度接受继续教育累计不少于30个学时,学习内容包括但不限于民政政策、基层工作方法、社会工作专业知识等;应遵守《社会工作者职业道德指引》,认同社会工作价值观;社工应统一着装,并佩戴工作牌。

四　组织架构

社工站应建立完善的组织架构,设站长1名,原则上应由乡镇(街道)分管领导或业务科室负责人兼任,负责日常指导和监管;副站长1名,可由承接机构负责人或主管社工担任,负责日常管理和服务开展。乡镇(街道)所辖村(社区)工作人员中至少指定1名社工站联络员来协助开展工作。

第三节　乡镇(街道)社工站建设的制度要求

一　基本制度要求

(1)有合理的组织架构和内部责任分工;有规范的运行流程和标准,有岗位管理、财务管理、培训管理、志愿者管理、服务档案管理、资产使用和管理等制度;建立志愿者、服务对象数据库。

(2)建立村(社区)社工服务定点联系工作机制,确保每个村(社区)至少有一名定点联系的社工专业人员。推动社工专业人员下沉到村(社区),确保其60%以上工作时数在村(社区)提供专业化社工服务,实现村(社区)社会工作服务全覆盖。

二　社工站社工守则

(1)遵守社工站各项管理规章制度。

(2)坚守社工专业价值和伦理守则。

(3)发扬团队精神、精诚合作、相互尊重和支持。

(4)保质保量、按时高效完成工作,如遇困难要及时反映,协商解决。

(5)保持社工站场地环境的干净、整洁、舒适。

(6)热爱本职工作,具有高度的责任感和敬业精神。

(7)提供服务时,应充分尊重服务对象的个人隐私和权利,并保证服务的质量。

(8)加强自身专业修养和专业技能学习,不断提升个人业务水平。

三　社工站工作管理制度

(1)遵守考勤制度,准时上班、下班,不迟到、不早退。

(2)办公时间及开展服务时,须佩戴工作牌,有条件的社工站可统一着工装。

(3)接待、接打电话要热情大方,注意礼貌用语、用心倾听,声音适度有分寸,语气温和、文雅。

(4)自觉维护社工站环境,保持个人办公桌面整洁。

(5)社工站电话来电,如本人不在电话旁,附近同事应尽快帮助接听、转达。

(6)工作时间内请勿在社工站进餐、玩游戏、看电影及从事其他与工作无关的活动。

(7)午休或其他非工作时间禁止从事影响他人工作、休息以及影响办公环境的活动。

(8)未经许可,不得随意将外来人员带入社工站。

(9)工作时间不得擅自离开工作区,遇有特殊情况时须经上级领导批准并指定他人暂时接管工作后方可离开。

(10)树立安全防范意识,不得接待上门推销者,下班时相关责任人要将门窗、电脑等办公设备电源关闭。

四 社工站财务管理制度

1.账簿管理

资产和活动经费开支应设立专门的账簿,实时详细记录,并定期向社工站负责人上报财务管理情况。

2.报销票据

日常服务经费开支报销发票必须为正规发票,并注明部门、用途,且有经手人和相关负责人员的签名方可报销。

3.活动经费报销

(1)物资购买须先向社工站财务管理部门申报,经批准后方可购买。

(2)社工应在规定时间内及时报销。

4.物品管理

(1)社工站社工有爱护、正确使用并妥善保管社工站资产的责任和义务,任何人不得将社工站财物据为己有。

(2)社工站财物必须经社工站站长批准后方可借出,并做好登记;若有丢失、损坏情况,由借出者负责修理或赔偿。

5.固定资产管理

(1)社工站要定期清点固定资产,并及时做好更新记录。

(2)申购固定资产,由社工站站长按照社工站规章制度流程申请,购买后做好详细登记。

6.日常低值易耗办公用品管理

(1)日常办公用品的购买由社工站副站长负责,采用每季度集中采购、集中领取的方式进行。

(2)办公用品的领取,由社工向社工站站长提出申请,并由站长做好相关领取登记工作。

7.活动物资管理

(1)活动物资的申领,应遵照社工站活动物资申领流程办理。

(2)经批准后,活动物资由负责活动的社工站购买,并做好登记和报销工作。

(五) 社工站档案管理制度

1.适用范围

社工站的行政、服务、人事、财务等档案的收集、归档、查阅、保密、销毁均须遵守本制度。

2.档案管理职责

(1)坚持定期整理,根据不同种类文件材料的特征,制定案卷类目,合理分类存放,便于利用和归档。

(2)完成文件材料的形成、积累、保管和整理归档工作,保证归档文件材料完整、准确。

(3)归档案卷做到组卷合理、页号编写准确、案卷目录清楚、案卷标题简明扼要、文件说明清晰。

(4)对档案进行分类、整理、编目,并编制检索工具。

(5)保管好应归档案卷,完善文件材料安全和保密措施。

3.档案查阅

(1)社工站主管部门有权查阅各类档案。

(2)社工查阅档案,必须遵守档案查阅管理办法。

(3)外单位出于正当的工作需要查阅档案,须持单位介绍信并经社工站站长签字批准方可查阅,原则上不得抄录或借出。

(4)如有特殊需要经社工站站长批准,可以提供摘抄、复印,并办理登记手续,摘抄、复印档案须由社工站归档社工陪同。

(5)社工站的珍贵实物、重要的照片、底片等档案一律不得外借。

4. 档案保密

(1)社工站的档案管理人员须遵守保密制度,履行保密职责,确保档案的安全。

(2)查阅档案,须经档案管理人员提供,任何人不得直接查阅。

(3)查阅档案必须严格按照档案借阅制度办理手续,返还档案时管理人员要认真检查核对,发现问题及时追查。

(4)外单位查阅档案,严格按照审批手续由社工站站长审批同意后方可提供,其他人员一律无权外借;对于擅自向外提供档案、资料者,必须追究责任,对于严重损害服务对象利益的社工,要追究其法律责任。

(5)一经发现有泄露事件,应立即报告并及时追查。

(6)社工站要定期检查保密工作,总结经验,堵塞漏洞,严防失密、泄露事件发生。

六 社工站志愿者管理制度

1. 申请入会管理

(1)会员条件。凡年龄在14周岁以上者,经其法定代理人同意,志愿从事义务工作,认同社工站服务及管理制度,履行入站手续并接受入站辅导,均可成为社工站志愿者。

(2)登记手续。由申请人填写"会员登记表",同时递交本人身份证、居住证(非长期居住户)原件及复印件各一份、个人一寸证件照片一张。

(3)会员辅导。入会辅导:会员完成登记手续后,统一组织会员参加入会辅导。个人会员登记后三个月内不参加入会辅导者,需要重新登记入会。服务技能辅导:会员参加服务需要接受相关的服务技能辅导,辅导由社工站邀请专业人士开展培训。

2. 会员档案管理

会员档案包括会员编号、登记表、辅导记录、基本情况、参加服务记录等信息。

3.会员晋升和表彰

（1）晋升。个人会员晋升采取星级制，共分五级。以每累计服务时间达100小时为一级晋升单位，可晋升为一星级会员，累计达200小时者晋升为二星级会员，以此类推，累计达500小时者晋升为五星级会员。

（2）表彰。表彰的主要依据为志愿服务时数。由社工站等推荐优秀志愿者参加相关的评选表彰。

4.会员的激励管理

为增强志愿者的积极性，稳定及扩大服务队伍，营造和谐服务氛围，规范志愿服务行为，可建立激励机制。

（1）每年对服务积极、责任心强、服务小时数累计前十名的志愿者进行内部表彰奖励。

（2）对表现积极、有责任心的志愿者，可发展为骨干，提供晋升为小组长或组长的机会，并享有优先接受相关理念和管理能力培训的资格，提升管理能力，发挥潜能，促进个人不断成长。

（七）社工站服务规范程序

为保障服务对象权益，保证服务质量，使服务对象了解双方权利与义务，同意社工站为其服务，制定本服务使用规范程序。

1.申请服务

（1）凡在社工站服务范围内的社区居民皆可申请社工站服务。

（2）社工站应对有需要的社区居民、个案转介及主动求助者提供适时服务，并于服务对象提出申请一周内与其做初步的跟进及安排。

（3）社工站应定期开展个案回顾，确保每一个个案服务都能有效及合适地开展，并确保服务质量。

（4）若原负责社工离职，社工站应安排另一位社工继续跟进有需要的个案，确保服务得以延续。

2.接受服务及保密原则

（1）服务对象同意接受服务后，需要填写"服务登记表"，参与社工站按程序和相关政策提供的活动或接受个案服务；服务对象可随时自愿退出服务。

(2)服务对象在申请或接受社工站服务时,社工站社工要解释收集个人资料的目的。

(3)所有资料社工站要妥善保存,并只允许指定社工或督导检索及使用;除获得服务对象的同意或督导批准外,社工不能擅自将服务对象的资料带离社工站。

(4)服务对象若想查阅或修正个人数据,可以向负责社工提出,填报查阅申请及索取个人资料。

(5)若社工站遇有需要提供或转介服务对象个人资料时,必须事前得到服务对象的同意;如遇特殊情况,涉及人身安全或法律事项,社工站在通知服务对象或家属后,可酌情处理。

(6)社工站的服务及运作数据可供服务对象索阅,例如以派发年报、传单,或以网页、展板等形式进行数据公布等。

(7)服务对象有权参与服务需要评估,表达对社工站提供服务的意见,并可将意见向服务社工或社工站反馈等。

3.服务转介与退出

(1)如有需要转介服务,事前应在得到服务对象同意情况下实施。

(2)服务对象有权查阅及更正本社工站所保存的相关资料,如有任何疑问,包括要求查阅或更正资料,应联络有关工作人员或本社工站负责人。

(3)服务对象有权随时与本社工站协商,自愿退出或终止服务。

4.意见收集及投诉

(1)服务对象有权反映意见或投诉,途径包括填写服务对象满意度调查表及直接向社工站投诉。

(2)社工站收到意见或投诉后,社工站站长要于3个工作日内致电或约见服务对象了解情况,从速解决问题;若经过商讨后仍未能解决问题,社工站站长要告知服务对象如何进行跟进,并向服务对象通报进展。

(3)服务对象如果认为自身权益或身心受到侵犯,可向社工站投诉,社工站要进行调查核实。

(4)意见或投诉皆可致电社工站,也可向乡镇(街道)人民政府或县(市、区)民政局反映。

八 社工站资源整合制度

1.与有关政府部门的沟通机制

(1)定期主动走访有关政府部门,汇报开展的工作,了解政府部门最新的政策法规,听取政府部门的指导意见。

(2)通过网络、电话等多种形式,关注政府部门动态,加强与政府部门的合作。

(3)通过新闻媒体报道,加强政府部门对社工站服务效用的了解与重视。

2.与企事业单位的沟通机制

(1)通过电话、网络、走访等多种形式,增进与企事业单位的交流。

(2)主动了解企事业单位的动态,共同开展活动或提供支持,加强彼此之间的互助合作。

3.与社会组织的沟通机制

(1)社工通过网络、电话以及定期走访等方式加强与社会组织的沟通交流。

(2)通过开展共同活动,加强彼此之间的互助与合作。

4.与服务对象的沟通机制

(1)定期进行家访工作,了解服务对象的需求,增进服务对象对社工的了解,加强彼此的交流与信任。

(2)通过开展活动,增进服务对象对社工站的了解,并积极收集服务对象对服务过程的意见,并给予及时的反馈。

九 社工站保密制度

(1)驻站社工应妥善保存服务对象的所有资料,包括电子版(须进行加密处理)和纸质版资料,不得向任何个人或组织提供服务对象的个人及家庭资料。

(2)社工对服务对象的基本资料、个案资料均应密封后存入档案柜,档案柜须加锁,钥匙由指定人员妥善保管。

(3)存档的服务对象资料只允许社工或督导因工作需要查阅,任何人不得擅自将资料带离社工站。

(4)若在对外宣传中涉及服务对象个人肖像的,须征得服务对象本人同意,并在宣传资料中做好相应处理。

(5)服务转介时,应在服务对象签署转介同意书后,个人资料方可向接受转介的社会工作者或社工站转移;若遇特殊情况,涉及人身安全或法律事项,社工站在告知服务对象或家人后,可酌情处理。

(6)所有的服务记录应长期存档。

(7)在提供服务过程中,如果涉及服务对象生命安全的可不遵守保密原则,应遵循生命第一的原则。

(8)对于上交给用人单位领导的服务记录,需要进行匿名处理,不可暴露服务对象的基本信息,不得将全部记录内容提交,可摘取概要提交。

▶ 第四节　乡镇(街道)社工站建设的经费保障

一　经费类型

社工站经费分为建设经费、运营经费、人员经费、评估经费等。

(1)建设经费。包括场地租赁、装修建设、设备购置、维修维护等费用。

(2)运营经费。主要用于社工站开展服务所需费用,包括开展服务项目的物资购置、技术、服务等。

(3)人员经费。包括社会工作站工作人员工资、奖金、五险一金及其他福利待遇,有条件的地区参照社会工作者三岗十八级要求给予保障,并建立合理的人员薪酬调节机制。

(4)评估经费。主要用于评估培训及委托专业的第三方评估机构开展社工站调研、评估、抽查等工作。

二　经费保障

各地应将社工站建设相关资金积极列入年度预算予以保障,统筹民

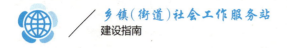
政领域可用于政府购买服务的有关资金,加强各类资金有效整合力度。政府购买社会救助服务所需经费可从社会救助专项经费中列支,原则上不超过本地区社会救助资金总额的1%。逐步加大福彩公益金支持力度,鼓励社会资金支持乡镇(街道)社工站建设。

第三章

乡镇(街道)社工站基本服务内容

▶ 第一节　社会救助领域社会工作服务

一　社会救助社会工作概述

(一)社会救助概念与内容

1.社会救助概念

社会救助是指社会成员由于个人原因、自然原因或社会原因,基本生活难以维持时,由政府和社会为其提供基本物质保障的救助制度。社会救助是社会保障体系的重要组成部分,是受到宪法保护的公民基本权利之一。

社会救助以家庭经济状况为基础,由政府和社会为陷入贫困的城乡困难家庭提供直接的物质救助和服务,帮助其解决基本的生存问题。社会救助是一个动态的、涉及多个领域的复杂概念。

2.社会救助内容

(1)最低生活保障。指国家对家庭人均收入低于当地政府公布的最低生活标准的人口给予一定现金资助,是保证基本生活的生活费用补贴,是为贫困人口提供的一种救济。它具有临时性,原先享受最低生活保障的人口或家庭,如果收入有增加,超过了规定的救济标准,则不再享受最低生活保障救济。

(2)特困人员供养。国家对城乡老年人、残疾人以及未满16周岁的未成年人,同时具备无劳动能力,无生活来源,无法定赡养、抚养、扶养义务人或者其法定义务人无法履行义务能力的列入特困人员供养名单。

(3)受灾人员救助。指向遭受了自然灾害的受灾人群,基本生活得不到保障的人们提供的一种补助。

(4)医疗救助。指对因为贫困而没有经济能力进行治病的公民实施的专门帮助和支持。它通常是在政府有关部门的主导下,社会广泛参与,通过医疗机构针对贫困人口的患病者实施的恢复其健康、维持其基本生存能力的救治行为。

(5)教育救助。指国家或社会团体、个人为保障适龄人口获得接受教育的机会,在不同阶段向贫困地区和贫困学生提供物质和资金援助的制度。其特点是通过减免、资助等方式帮助贫困人口完成相关阶段的学业,以提高其文化技能,最终解决他们的生计问题。

(6)住房救助。指政府向低收入家庭和其他需要保障的特殊家庭提供现金补贴或直接提供住房的一种社会救助项目。其实质和特点就是由政府承担住房市场费用与居民支付能力之间的差额,解决部分居民住房支付能力不足的问题。

(7)就业救助。指就业困难人员通过党和政府各项促进就业扶持政策的贯彻落实以及就业服务机构为主的有关部门的具体帮助,实现再就业,以此达到增加家庭劳动收入、摆脱贫困的目的。

(8)临时救助。指国家对遭遇突发事件、意外伤害、重大疾病或其他特殊原因基本生活陷入困境,且其他社会救助制度暂时无法覆盖或救助之后基本生活仍有严重困难的家庭或个人给予的应急性、过渡性救助。

(二)社会救助的工作原则

1.救"急难"

社会救助有"不救不活""不救难活"的说法,"急难"二字凸显了社会救助的急迫性和重要性。在一个人的生命和生活处于危急时刻,社会救助要在第一时间给予最直接、最有效的物质帮助,以保全生命、保障基本生活。救"急难"同时也表明,社会救助中要坚持社会工作伦理,将服务对象的生命安全作为服务的第一要义。

2.托底线

救助对象的受助资格在贫困事实或急难情形经过法定程序认定后即可获得。社会救助依照救助对象的申请并经过法定程序审核批准后实施,具有无偿性。社会救助是对社会保险、社会福利等其他社会保障制度的补充,在整个社会保障体系中起着托底的作用,这种作用也反映了一个社会的文明程度。

3. 可持续

对于陷入困境中的社会成员来说,需要政府和社会不间断的支持和帮助才能彻底改变境遇,提高生存能力,改善自身生活质量。对于政府来说,在充满风险和变动的现代社会,必须拥有足够的且与救助需求相适应的财力保障,才能使社会救助行为持续进行,并且更加科学和人性化。

(三)社会救助社会工作的定义与主要特点

1. 定义

社会救助社会工作是指在社会救助领域,社会工作者根据社会救助的性质与特点,以社会工作价值理念为指导,以社会工作的专业理论为依据,采用社会工作专业方法与技巧,为社会救助对象提供专业服务的过程。这个过程包括物质方面的社会救助、精神层面的内在提升以及救助对象的社会功能恢复。

2. 主要特点

(1)救助对象的多样性。社会救助的服务对象范围广泛,有贫困无依的老人和儿童,有找不到工作的失业人员,有残疾人、重症病人等失能人士,有因为突发事件而暂时陷入生活困境的家庭,还有自然灾害导致的灾民等。

(2)救助类型的复杂性。针对不同救助服务对象的特殊情况,社会救助社会工作所能提供的救助服务期限、救助服务形式以及救助服务数量差异很大,内容丰富,种类多样。

(3)工作过程的持续性。社会救助社会工作的过程具有持续性特征,其服务过程不仅要协助政府经办机构为救助对象发放救助物资,及时解决贫困群众的生存困难,使他们脱离险境,同时还要设法逐步增强他们生活的能力和战胜贫困的信心。这是一个持续性的服务过程。

(4)工作方法的融合性。依据救助服务对象不同、贫困类型不同以及贫困产生原因不同,社会救助社会工作所采取的工作模式是不一样的。如果服务对象是一名身体残疾而导致贫困的母亲,社会工作者可以采取针对个体的微观工作方法;如果是自然灾害导致贫困的社区,社会

工作者就要运用团体或者社区重建的方法;如果服务对象是流浪儿童,社会工作者就需要考虑运用危机干预、心理辅导、行为矫治和教育培训等方法。社会工作者在提供救助服务的过程中要强调各种专业方法的融合应用。

(5)工作依据的政策性。社会救助的体系比较复杂,除了有国务院颁布的《社会救助暂行办法》,各地还有相配套的一些政策规定。社会工作者在参与社会救助的过程中,需要认真分析服务对象的贫困程度、致贫原因以及可能获得的救助类型等,这些都必须以相应的法规政策为依据。如服务对象分别是城市低保对象、农村低保对象、农村五保人员或者流浪乞讨儿童,就需要依据不同的救助政策协助其申请相应的社会救助项目,有针对性地解决服务对象的困难和问题。

二　社会救助社会工作的主要内容

根据具体的社会救助内容,社会工作者要积极参与救助,体现专业素质,为服务对象提供与救助内容相契合的专业服务。

(一)最低生活保障中的服务内容

1.服务对象识别

服务对象识别就是最低生活保障制度的目标瞄准机制。一般来说,社会工作者主要通过家庭经济状况调查的方式来了解困难群众的家庭经济状况,并对照各个地区的最低生活保障标准,选择最需要或者最贫困的人群作为救助服务对象。《社会救助暂行办法》规定,"县级以上地方各级人民政府可以将社会中的具体服务事项,通过委托、承包、采购等方式,向社会力量购买服务"。据此,社会工作者可能通过承接服务的方式参与低保工作。在北京、广州等地,一些政府部门、街道办事处或社区向社会工作机构购买服务,由专业社会工作者承担入户调查、邻里访问、信息核查等工作,协助政府准确识别救助对象。在这个过程中,专业社会工作者能深入了解低保家庭的实际生活状况,确保把真正困难的群众纳入低保,并督促低保金的落实和社会化发放。同时通过专业社会工作者的救助服务,还可以解决贫困家庭人员心理和精神上的一些困难,达到物质救助和精神救助的结合。

2.帮助申请救助

最低生活保障制度有一套严格的申请审批程序。在申请过程中,社会工作者可以帮助救助对象了解申请程序和申请方法。首先要帮助申请人判断是否具备申请的条件;其次要以家庭为单位,帮助户主向户籍所在地的乡镇人民政府(街道办事处)提出书面申请,并如实提交所需的材料;再次可以协助申请人接受乡镇人民政府(街道办事处)和社区居(村)委会开展的入户调查、社区评议等活动,并如实反映掌握的有关情况。专业社会工作者熟悉社会救助政策和程序,可以帮助困难群众根据自身的实际情况,申请合适的救助项目。这样既有利于社会救助资金的合理使用,又能确保困难群众得到最合适的救助。

3.提供心理支持

申请最低生活保障的家庭或者收入微薄,或者家庭成员身患重病、身体残疾等,或者没有劳动能力,不具备劳动条件,自身无法获取足够的收入,生存和生活压力巨大,精神或者心理易焦虑。社会工作者需要给予及时的心理疏导和支持,帮助他们舒缓压力,宣泄情绪。

4.调节家庭关系

良好的家庭关系,对于家庭成员的发展和改变生活状况有着积极的影响。生活处于贫困状况时,家庭成员的心态和家庭关系都会受到一定的影响。社会工作者在协助服务对象申请低保的过程中,要全面了解和分析服务对象家庭结构及关系,及时发现问题,调节家庭关系,改善家庭生态环境。

5.开展能力建设

能力建设对象包括学习能力、专业技能以及社会能力等。在生活压力之下,救助对象的就业意愿比较强烈,但是文化素质偏低,缺乏知识和技能,没有求职信息和技巧等,这些因素严重制约了救助对象再就业及增加收入的机会。对有劳动能力的低保家庭而言,需要积极开展能力建设,以改善救助对象生活质量,摆脱贫困状态。如可以通过多种形式和渠道的职业技能培训,转变就业观念,帮助救助对象提高操作技能、创业能力和市场适应能力等。

6.促进社会融入

在社区层面,低保家庭对于社区的依赖程度颇高,生活范围也主要局限在社区内部,人际圈子同质性高,家庭支持不够。社会工作者要为低保家庭创造参与社区活动的机会,鼓励他们参与社区的公益和文娱活动,帮助他们建立和其他社区居民的联系,互帮互助,承担一定的责任和义务,增加他们的成员感、归属感和自信心。社会工作者要积极帮助困难群体修复社会关系,建立社会支持网络,尤其是邻里支持。俗话说"远亲不如近邻",在社区中邻里的守望相助,对于困难群体来说是心灵上的莫大慰藉。如在有些社区,社会工作者帮助建立邻里互帮小组。有困难的家庭和其他家庭结成互帮互助的对子,彼此提携相助。如低保家庭的孤寡老人帮助双职工家庭看护放学后的孩子,双职工家庭帮助照看老人的日常生活,当老人遇到紧急情况时及时给予帮助等。

(二)特困人员供养中的服务内容

1.提供基本生活条件

特困人员没有生活来源,没有劳动能力,也没有法定赡养人、抚养人、扶养人可以依靠。对于这部分群体首先要为他们提供基本的生活条件,改善其生存状况,这里的基本生活条件主要包括住房、食物、衣服以及出行等。

2.提供日常生活照料

很多特困人员生活不能自理或者不能完全自理,这就需要通过供养政策为他们提供日常生活所需要的照料服务。如个人卫生的洗漱整理、居住环境的打扫整饬、每日三餐的按时供给以及其他照料服务等。特别需要指出的是,当季节变换时,还要及时看护和照顾特困人员,以防发生意外。

3.提供疾病治疗

社会工作者应当建立特困人员的健康档案,了解他们的身体健康状况,对于所患疾病实时监控、动态管理,并定时进行康复和救治。联系社区医院或者专门机构为特困人员定期体检。一般性的体检以及小的疾病,可以通过设立在供养机构的医务室给予治疗;需要到当地医疗机构住院治疗的,还要及时联系医疗保险和医疗救助部门,以协调解决治疗费用问题。

4.办理丧葬事宜

当特困人员身故之后,应当积极联系殡葬管理部门,处理丧葬事宜。如果当地有惠民殡葬政策,应当确保亡故的特困供养人员能够享受到。

(三)医疗救助中的服务内容

1.协助申请救助

在城乡贫困人口中,因病致贫、因病返贫的比例相当高。因为医疗费用昂贵,许多人生病后不去就医或者推迟就医,结果导致小病酿成大病,或病情加重,进一步加重了家庭的经济负担。医疗救助就是为了帮助城乡贫困人口解决基本医疗服务问题,以减轻病人的经济压力。目前,医疗救助主要覆盖最低生活保障家庭成员、特困供养人员以及县级以上人民政府规定的其他特殊困难人员。有些地方已将医疗救助的覆盖范围扩大到低收入家庭中的老年人、残疾人以及重病患者等。社会工作者需要给救助对象讲解医疗救助的政策、标准和方式,协助救助对象准备所需材料并申请救助,帮助他们及时获取医疗救助。

2.改善救助环境

在救助对象救治过程中,社会工作者要帮助救助对象了解医疗机构的诊疗程序,熟悉治疗过程以及了解治疗效果。积极与医务人员沟通,介绍救助对象的具体情况,寻找较为合适的治疗手段和方法。

3.协调医疗资源

社会工作者一方面要联系医疗保险经办部门,通过医疗救助为城乡贫困人员参加新型农村合作医疗或城镇居民基本医疗保险提供资助,并帮助患者通过医疗保险经办机构报销相应的医疗费用;另一方面要联系医疗机构和民政部门,帮助符合条件的患者准备各种材料,及时就医和诊治,并协助救助对象获得医疗救助。此外,还要帮助救助对象了解治疗和康复的资源,寻找当地医院以及社区医院的资源,使得救助对象能得到及时的治疗,以及回到社区仍能继续治疗和康复。

4.强化社会支持

救助对象身患疾病需要治疗,除没有经济收入之外,他们还缺乏家庭成员的支持和关爱。在医疗救助过程中,社会工作者需要动员志愿者和社区邻里共同帮助救助对象,增强他们战胜疾病的信心,给予他们关爱和支持,协助救助对象早日走出病痛,恢复正常生活。

(四)住房救助中的服务内容

1.协助申请住房救助

住房救助的对象是符合规定标准的住房困难的最低生活保障家庭、分散供养的特困人员。社会工作者要把握好这一政策要点,根据当地的基本住房保障标准和救助标准,协助住房困难群众准确评估自己的家庭收入、财产状况以及住房状况,并做出是否申请的判断。如果评估后认为符合救助条件,社会工作者应当帮助住房困难群众准备相关材料,并及时提出申请,以便县级人民政府住房保障部门优先给予住房保障。

2.宣传讲解政策

住房救助主要有配租公共租赁房、发放住房租赁补贴、农村危房改造等方式,不同家庭情况涉及的救助政策有所不同。社会工作者需要协助申请人理解住房救助政策,知悉当地救助标准,按照程序提出申请,同时要帮助申请人正确对待和接受申请结果。

(五)教育救助中的服务内容

1.提供教育机会

国家对在义务教育阶段就学的最低生活保障家庭成员、特困供养人员给予教育救助;同时为在高中(含中等职业教育)、普通高等教育阶段就学的这部分人员,以及不能入学的残疾儿童提供适当的教育救助。社会工作者要了解救助对象的家庭情况,及时摸清潜在救助对象对教育救助的需求,帮助申请政府提供的教育救助,使处于贫困状态的儿童和青少年能够获得受教育的机会。这既是改变家庭和个人命运的机会,也是促进儿童和青少年健康发展的途径。

2.提供教育补助

我国的教育资助体系共分5个层次,即"奖、贷、助、补、减",所有这些措施,困难家庭的大中专学生都可以享受。所谓"奖",即学校设立奖学金支持家庭困难且学习成绩优秀的学生。所谓"贷",即金融机构针对高校困难学生开展的各种助学贷款。所谓"助",即政府通过学校发放助学金,同时学校设立勤工俭学岗位,学生可以通过工作获得一些收入。所谓"补",即政府每年拨出一定的专款和高校从所收学费中提取一定比例的资金用于对困难学生的生活补助。所谓"减",即针对不同专业和经济困难程度不同的学生减收或者免收学费。

教育救助根据不同教育阶段需求,采取减免相关费用、发放助学金、给予生活补助、安排勤工助学等方式,保障教育救助对象的基本学习和生活需求。在为贫困大学生提供生活救助的同时,社会工作者也可安排他们参与勤工俭学,在改善生活的同时锻炼能力,提高生活技能。

3.心理能力建设

在儿童和青少年接受教育救助的过程中,社会工作者要关注他们的心理能力建设,给予积极正向的引导,鼓励青少年参与社区和学校的社团活动,多与同类群体交往;引导青少年多用优势视角看待自己的生活境遇,培养青少年自信心,帮助他们在生活中获得成长。

(六)就业救助中的服务内容

1.转变就业观念

国家对于最低生活保障家庭中有劳动能力并处于失业状态的成员给予就业救助。就业救助的形式主要包括贷款贴息、社会保险补贴、岗位补贴、培训补贴、费用减免、公益岗位安置等形式。为了促进救助对象积极就业,社会工作者要帮助他们转变就业观念,积极参与就业的培训,获取就业信息,通过就业改变生活状态。

2.自我认知调整

受自身能力和知识技能所限,以及社会资源缺乏,救助对象在参与就业过程中可能会遇到挫折和挑战,遇到诸如不能及时就业或者就业岗位不完全符合自己意愿的问题。社会工作者要帮助救助对象认真分析就业形势和自身的优势与不足,调整认知和心态,以更加务实和乐观的心态积极就业。

3.职业技能培训

社会工作者要帮助就业救助的申请者,按照当地公共服务机构免费提供的就业岗位、职业介绍、职业指导等信息参加就业培训。通过参加技能培训,提高自身的就业能力,并掌握一定的就业知识和礼仪,提高自己的素质和就业竞争力。

4.连接就业资源

社会工作者应积极为救助对象寻找就业信息,协调就业资源,争取培训机会,向社会用人单位积极推荐,维护救助对象的就业权益。社会工作者要协助救助对象了解市场劳动力的现状以及就业形势,避免他们产生不恰当的就业期望,鼓励申请者积极接受新岗位,勇于面对新挑战。同时,针对困难群众工作技能和知识水平较低的现实情况,社会工作者应当在当地劳动就业管理部门的帮助下,在社区努力开发保洁、保安、绿化、家政服务、日常维修等公益岗位,促进社区就业。这样既有利于社区服务的发展,又能增加困难群体的收入,提升他们的自信心。

(七)临时救助中的服务内容

1.危机干预

临时救助的对象是遭遇火灾、交通事故等意外事件,家庭成员突发重大疾病导致基本生活暂时出现严重困难的家庭,或者因为生活必需品支出突然增加超出家庭承受能力,导致基本生活暂时出现严重困难难以达到最低生活保障的家庭,以及遭遇其他特殊困难的家庭。申请临时救助的情形具有突发性、急难性、临时性特点,需要立即进行危机干预,否则就有可能造成无法挽回的损失或无法改变的严重后果。社会工作者面对申请临时救助的人员,要积极采取危机干预措施,真正救急解难,确保服务对象的生命安全。

2.外展服务

社会工作机构或者社会工作者要积极开展外展服务,对于生活陷入困境、无力改变自身状态的人员要给予及时的帮助。对于生活无着落的流浪、乞讨人员,要了解其需求,并及时提供临时的食宿、衣物、疾病治疗等,或者协助他们返回原籍。外展服务是社会救助社会工作的重要内容,一般包括街头救助和全天候救助两种。街头救助是指借助救助巡逻车和救助亭对街头的流浪、乞讨人员实施救助,全天候救助是指各个地区的救助站24小时开放接待流浪、乞讨或其他需要急难救助的人员。

3.机构救助

专业社工机构或者社会工作者要向在街头流浪、乞讨的人员告知如何向救助管理机构求助。如果是残疾人、未成年人、老年人或者行动不便的人员,还要引导、护送他们到当地的救助管理机构;对于突发疾病的人员,要立即通知急救机构进行救治,确保生命安全。机构救助包括基本生活安置以及行为思想引导与矫正。流浪、乞讨人员缺少基本的生活条件,生存缺乏保障。救助机构首先要做的就是给予被救助者生活上的合理安排。除了物质上的救助,还要开展相关教育,对被救助者进行行为和心理疏导,消除他们可能存在的懒惰和依赖社会的想法,纠正偏差行为,帮助分析长处和弱点,鼓励他们独立自强,走出困境。

(八)受灾人员救助中的服务内容

1.协助安置受灾人员

自然灾害发生后,政府灾害救助应急机构应当根据情况紧急程度,疏散、转移和安置受灾人员,并及时为受灾人员提供必要的食品、饮用水、衣被、取暖、临时住所、医疗防疫等应急救助。社会工作机构和专业人员应当积极参与疏散、转移和安置等工作,并随时开展针对受灾人员的危机干预工作。

2.及时开展危机干预

大灾过后,灾区群众目睹家园坍塌,或遭遇丧亲之痛,会出现应急反应,表现出震惊、恐慌、无助、焦虑、紧张、悲伤甚至抑郁等情绪,在行为上可能会出现行为失常、焦躁不安、冷漠、退缩等。对于灾后处于危急状态的个人、家庭和社区,社会工作机构和专业人员要尽快介入,在有限的时间内提供支持性服务,使受灾人员能迅速减少心理上的恼怒、悲伤等情绪,逐步恢复他们的社会功能和生活功能。

3.修复社会支持系统

自然灾害发生后,受灾地区的社会结构和社会功能受到严重破坏。家庭破碎、邻里失踪、社区被毁、村庄消失,正常的生活秩序和社会交往完全被打乱,社会生活突然陷入无序状态。社会工作机构和专业人员要积极运用社会工作的专业方法,通过团体工作以及社区发展的方式为受灾人员重建和修复社会关系,加强社会支持系统的力量。

4.社区重建与发展

受灾人员救助的长期目标是重建社区和发展社区。社区重建就是要组织和动员全体社区成员参与,集体行动,寻找和利用资源,自助自救,解决社区问题,促进社区早日重建并更好地发展。社会工作机构、社会工作者要和社区成员一起,多方整合资源为困难群众纾解生活难题,组织和参与恢复重建工作,开展社区活动,重建邻里关系。社会工作机构要积极征求社区成员的想法并积极向政府提出建设性的意见。

三 社工站社会救助工作优秀案例

让社工站成为救助服务的"耳、目、鼻、口"

赵成武

3年来,湖南省长沙市岳麓区基层社工站不断探索社会救助服务方法,将入户走访、个案管理、小组工作、社区活动、资源链接等专业服务与民政业务融合,从社会融入、能力提升、心理疏导等不同维度开展社会救助服务,基层社工站逐渐成为救助服务领域的"耳、目、鼻、口",成为救助信息汇集、分配、实施的综合平台,让精准救助、多元服务成为可能。

做多方需求的倾听"耳"。社工要学会做一个倾听者,在日常服务中,要善于倾听救助对象的喜怒哀乐,从中捕捉服务对象的需求,让他们感受到陪伴、尊重与接纳,逐渐认识到社工站可以成为其求助和获取力量的港湾。为做好需求挖掘的倾听"耳",驻站社工应从两个方面着手开展工作:一是积极对接当地民政部门,通过协同参与基层民政工作,听取区域社会救助现状和救助人群的相关情况,了解区域社会救助工作的特点与需求,明确服务重心。二是倾听救助对象的心声。69岁的王阿姨是岳麓区望城坡街道的一名离异、计划生育特殊家庭的老人,又查出患有乳腺癌,接二连三的打击让王阿姨失去了生活信心。社工通过社区了解到情况后,第一时间找到王阿姨,通过多次的陪伴和倾听,王阿姨的消极情绪得到缓解,重拾生活信心。

做发现资源的清明"目"。在工作中,基层社工站的社工要有一双善于观察的眼睛,能有效发现服务对象的真正需求。在服务过程中,首先要观察服务对象的个人状态、生活环境、家庭关系、邻里关系等,发现服务需求及需求突破口。确定了需求,接下来是寻找支持系统。社工可以先从服务对象自身寻找,如邻里之间的帮扶(非正式支持网络),更重要的是政府部门的救助政策、慈善项目等(正式支持网络),通过社工站的介入拓展解决问题的路径和渠道。岳麓区望城坡街道辖区内有高龄病残老人和计划生育特殊家庭老人60余人,社工在日常走访中发现,这些高龄困境老人普遍存在社会功能降低、身体状况需要长期监测、家庭卫生难以自理等需求,于是积极寻求资源,开展帮扶工作。社工站首先发动卫生服务中心、志愿者、爱心家政单位提供定期服务,对老人进行生活照料和身体照护,并根据老人需求开展了一系列赋能小组活动,如平安出行、智能手机使用等。在社工的努力下,老人们的生活环境得到改善、健康状况得到监测、社会功能逐渐得以恢复。

做精准识别的灵敏"鼻"。精准识别救助对象的类型是采取有效救助方式的前提。在对救助对象排查过程中,社工要时刻保持敏锐的"嗅觉",对服务对象做到精准识别,再根据不同类型开展不同的服务:一是对原有救助对象开展常规化救助服务;二是在上门探访中发现新的符合政策的救助对象,要及时给予政策覆盖;三是虽不符合政策却需要救助的群众,社工要及时提供资源链接等服务。面对不同的救助需求,社工应对服务对象的经济、心理等情况进行准确细分,采取不同的服务方式,解决他们的急难愁盼问题。针对乡镇(街道)社工站服务覆盖有限的问题,岳麓区于2020年尝试建立社区社会工作室,推进"一站一品、一品一类"建设,延伸了服务覆盖面。比如为辖区贫困女童申请"爱小丫基金"3.6万元,为事实无人抚养儿童、困境老人等困难群体链接相关资源和资金总计165万余元。

做政策解读的宣传"口"。社工站是救助政策的宣传窗口,社工则是传递政策的重要一环。为有效提高驻站社工的政策掌握度,岳麓区社工总站为一线社工开展民政领域的政策培训。在自己熟练掌握救助政策后,社工们在日常工作中才能为居民宣传和讲解好政策内容,协助符合条件的对象依法申请相关权益保障。

3年来,岳麓区社工站的社工定期协同民政工作人员做好入户走访、排查等工作,累计开展救助个案182个,组建支持型小组108个,累计服务困难群众2.2万余人次,通过"耳、目、鼻、口"立体救助工作方法,为精准救助、多元救助打下了基础,为保障和改善民生、维护社会稳定提供了有力支撑。

第二节 养老服务领域社会工作服务

一 老年人的特点和需求

我国老年工作的根本目标是促进"老有所养、老有所医、老有所教、老有所学、老有所为、老有所乐"。在个体层面,老年社会工作的目的是协助老年人解决年老而带来的问题,维持良好的日常生活功能。此外,社会工作者还应在老年人遇到重大生活转变的时候,如住院、丧亲、入住养老机构、濒临死亡等,为老年人提供各种支持性服务。老年社会工作的重点是让老年人获得更好的社会支持,建立更好的社会网络和社会资源,积极与社会保持接触,应对好年龄渐长所带来的挑战,乐享晚年。在宏观层面,老年社会工作者还参与制定有关老年人的社会服务方案及相关政策,致力于建立一个不分年龄、人人共享的社会。

(一)老年的年龄界定

我国相关法律规定,老年人的年龄起点标准为60周岁。以出生日期为标准界定的年龄常被称为日历年龄,但是我们通常会发现,同样是60周岁的人,个体差异却很大。为了更好地区分同龄人的多方面差异,我们从不同角度对年龄做了划分。

1.生理年龄

生理年龄是指按人的生理状态、生理功能以及反映这些状态和功能的生理指标确定的个体年龄。生理年龄常常是影响一个人日常功能发挥的最重要的因素。它在很大程度上决定了老年人的生活安排和生活方式。

2.心理年龄

心理年龄是指根据个体心理活动的程度来确定的个体年龄。人的一生会经历不同的心理时期,每个时期会有不同的特点。心理年龄在很大程度上决定了老年人的人格特点、情绪特点和处理问题的方式。

3. 社会年龄

社会年龄是指根据一个人在与其他人交往中的角色作用来确定的个体年龄。社会年龄常常在很大程度上决定了个人所扮演的社会角色,直接影响个人的自我概念和自我价值感。如退休年龄便是一个社会年龄,会给老年人的生活适应带来重大影响。

4. 生理年龄、心理年龄和社会年龄对老年社会工作的意义

不同角度的年龄界定提醒我们不能简单地凭一个人的日历年龄判定他的身体功能状况,还应更全面地去看待老年人,这能帮助我们避免把头脑中的固有意识带到工作中。

(二)老年人的特点

老年人处于人生的最后一个年龄阶段,老化是其最显著的特点,主要表现在三个方面。

1. 生理老化

一般认为,当人的各种器官达到成熟期后,会逐渐丧失其功能,这种逐步丧失功能的现象就是老化。从生物学意义上讲,年老除了意味着生理年龄的增长,也喻示人体各功能器官渐渐失去自我新陈代谢的功能。老年人身体感觉系统功能上的变化见表3-1。

表3-1 与年老有关的感觉系统的变化

系统	与年老有关的变化
视觉	通常会有"老花眼"。眼睛需要较多的光才能聚焦,并且对强光反应敏感。老年人分辨颜色的能力会下降。有些老年人会出现白内障、青光眼或黄斑变性,渐进性地丧失中央视觉
听觉	听觉的灵敏度可能会减少50%以上,难以分辨不同的声音
味觉/嗅觉	嗅觉功能可能会严重受损,味觉功能会受缺乏嗅觉的影响,老年人可能难以闻出天然气、烟雾或变质的饭菜的气味
触觉	老年人可能会有较高的痛觉阈限,更可能发生低烧或高热

2. 心理老化

心理学意义上的老化是指老年人个体感官变化的过程,包括知觉、智力、理解问题、解决问题、学习过程、内驱力以及情绪等方面能力的降低,并由此而产生的反应迟缓现象。

智力分为结晶智力和液态智力。结晶智力是人们知识和经验的结

晶产物,是通过语言、文字的提炼和积累而成的智力;液态智力是指空间关系和形象思维在视觉、听觉及感知基础上形成的智力,它受制于各种感觉运动等系统功能的影响。

实际上,老年人的结晶智力比年轻人还要多,是日常学习和生活积累的结果。然而,个人处理复杂问题的速度的确会随着年老而有所下降。有关老年人智力功能的一个最重要的发现是,老年人所处的运用认知技能的环境十分重要。老年人会在陌生的环境中很快丧失认知功能,诸如专门的老年人设施或护理院,而在熟悉的环境中这种情况就不常见。

思维记忆的过程会随着人体功能器官的老化而有所改变。对许多老年人来说,记东西的能力并没有随着年老而有太多损伤,但处理形成记忆的信息的能力却有了改变。知觉速度下降,处理信息的速度要比年轻时慢。对老年人来说学东西有两点很重要:一是学的内容要贴近个人的生活,注重知识的实用性;二是有练习新行为的机会。

感官功能的下降可能会影响老年人记忆力。听不清别人说什么或者视觉模糊,都会使老年人难以学习新资讯。老年人学习的速度比年轻人慢,过快呈现太多信息会让老年人的大脑处理不过来,因而也会影响记忆力。

3.社会角色变化

角色理论认为,个体在经历老化过程所带来的变化时,会丧失象征中年的社会角色和社会关系。例如他们会因为退休而失去职业角色,需要接纳象征晚年的新社会角色和关系,如做祖父母。这一理论认为成功的老年人在很大程度上取决于对角色变化和角色丧失的调整及适应。

(三)老年人的需要

1.健康维护

老年期是疾病多发期,健康维护是老年人最为关注和渴望满足的需求。老年人需要建立健康的生活方式,获得适宜的生活照顾,并得到康复服务。

2.经济保障

在传统社会中,"反哺式"的供养方式是老年人获得经济保障的最主要途径。而在现代社会发展中,养老金、老年社会保险金等则是老年人的经济保障后盾。老年人需要获得经济上的保障。

3.就业休闲

许多到了退休年龄的老年人,仍有继续工作的愿望和需求;也有不少老年人期待不再劳作,享受晚年生活,因此丰富日常生活成为他们的新需求。

4.社会参与

老年人需要通过广泛参与社会生活,特别是深度参与社会生活各个方面来表达意愿,维护权益,发挥作用。因此,社会参与是老年人的重要需求。

5.婚姻家庭

伴侣和家庭支持系统,对于老年人获得良好的生命质量和生活质量具有十分重要的意义。老年人有追求和维持美好的婚姻家庭生活的需求。

6.居家安全

老年人需要安全宜居的家庭氛围和社区环境。

7.身后事宜安排

老年属于人生最后一段历程和阶段,许多老年人十分关心并安排好身后事宜,包括子女的生活、财产的处置、墓地的购置、后事操办等方面。

8.一条龙照顾服务

伴随老化过程,老年人的照顾需求常会变化,可能有居家照顾、社区照顾、院社照顾等不同类型的服务。不同类型的照顾之间需要有良好的过渡与整合。

(四)老年社会工作应注意的事项

1.价值观问题

社会价值观可能会影响社会工作者对待老年人的态度和行为。当今社会人们越来越崇尚成就事业、获取更高收益的能力。这样一来,身强力壮的、有活力的、能为经济发展做贡献的人就会受到高度重视,而那些伤残的、不能工作的、不能运用先进技术和丧失青春活力的人常常会被人们忽视,所以对老年人也常会有贬损的看法,社会工作者要对年龄歧视问题保持敏感,防止把社会上的不当价值观带入工作中。

2.移情与工作倦怠问题

老年社会工作会面临许多老年人的人生问题,如疾病、伤残、死亡等,社会工作者会不由自主地想到自己的晚年,对处理这些问题感到焦虑、沉重。而个人以往与老年人打交道的经历,特别是跟家中老年人的交往也可能会导致对老年服务对象抱有特殊的感情出现反移情。这可能会表现为对老年人态度特别不好,缺乏耐心和关怀;也可能表现为对老年人过度保护,想要"拯救"老年人。社会工作者对此要特别注意。此外,长期做有些服务对象的工作,如患阿尔茨海默病的服务对象的工作,可能会让人感到倦怠,觉得自己的工作没有价值。社会工作者应当敏锐地体察自己的情绪状态,及早发现工作耗竭的征兆,并采取相应减压措施。

二 老年社会工作的主要内容

(一)身体健康方面的服务

身体方面的问题是老年人遇到的比较普遍的问题,许多老年人,特别是高龄老年人普遍患有慢性疾病,需要长期的健康照顾。因而,协助解决老年人与健康有关的问题,是社会工作者日常工作的重要内容。

1.健康促进服务

健康促进服务是为老年人提供与治疗、康复、预防疾病有关的服务,主要内容包括有关慢性病的健康教育推广活动,处理酗酒和滥用药物问题,协助进行压力管理,规划锻炼身体方案,设计防范老年人在家中受伤的措施,提供精神健康服务,推广预防性服务,提供跟年龄有关的疾病的信息,提供有关社会服务和后续性健康服务的咨询等。

2.与健康照顾有关的服务

与健康照顾有关的服务是指为老年人提供的与身心健康间接相关的生活照料、家务助理、出行协助、信息咨询等方面的服务。健康照顾服务主要内容包括:

(1)送餐、家庭病床、家务、探访、电话慰问等个人协助服务。

(2)出行和行动服务,包括提供手杖、轮椅和住所改造等辅助手段的提供。

(3)紧急呼叫系统安装等技术支持。

(4)信息咨询、转介、代际互助、营养配餐、房屋修缮、照顾者的休息安排、入住老人院舍等服务。

(二)处理认知与情绪问题

抑郁症、阿尔茨海默病、谵妄和焦虑症是老年人最常见的四个认知和情绪方面的疾病。抑郁症主要影响老年人的情绪和情感;阿尔茨海默病影响老年人的认知和智力功能;谵妄类似阿尔茨海默病,但它发病突然,并且有生理方面的原因,这些生理方面的问题往往都可以逆转;焦虑症的典型特点是过度忧虑,有非理性的恐惧,并抱怨身体不适(一般来说老年人可能只有焦虑行为,并非焦虑症)。

抑郁症如果不能及时得到治疗,就有可能导致老年人尝试自杀,以求解脱长期悲哀和感到毫无价值带给自己的痛苦。如果不加以医治,谵妄也有可能导致老年人由于身体衰竭或疾病而死亡。长期焦虑会让老年人自闭在家中,越来越加重与社会的隔离和情感上与他人的隔膜。

社会工作者会处理老年人的一些认知和情绪方面的问题。在有些个案中,社会工作者帮助老年人消除产生情绪问题的因素。而在另一些情况下,社会工作者要致力于改变老年人的认知,帮助老年人适应自身无法改变的情形。

社会工作者做这方面的工作要注意老年人对待介入的态度。老年人可能对认知和情绪问题有偏见,可能认为抑郁和焦虑是源于性格上的缺陷,而并不是对发生在生活中的一系列复杂的、艰难的生理、心理和社会生活事件的反应,这类老年人可能非常抵触配合社会工作者的工作。老年人很容易把不愉快的情绪转化成对身体不适的抱怨。因此,帮助老年人学会识别和接纳自己的各种情感状态也是介入工作中非常重要的组成部分。

(三)处理精神问题

年老过程或者年老阶段对于个人的意义并非千篇一律。要理解老年人的行为方式,重要的是理解老年人在精神上如何界定自己的现实世界。社会工作者认识和把握老年人的精神生活有五个方面需要注意。

(1)珍惜当下,包括欣赏自己当下的生活,明白时间的珍贵,学习享受生活。

(2)找到往事的意义,以此建构生命的意义。

(3)直面自己的局限,看到过往生活的缺憾。

(4)接受生活中好的一面和不好的一面,寻求与相关人员和解及宽恕他人,弥补缺憾。

(5)拓展个人爱好和同情的圈子。

社会工作者需要把握以上老年人晚年生活的重要精神层面来开展相应的工作,在精神上关怀老年人并提供相应的服务。

(四)建立社会支持网络

1.正式支持

(1)正式支持体系的构成。正式支持体系主要由政府的老年工作组织机构和涉老组织机构构成,如我国各级老龄工作委员会及其办事机构,政府办的社会福利院、敬老院、老年公寓、颐养院、护理院、临终关怀机构、社区老年中心等。

(2)主要支持内容。正式支持涉及贫困救助、生活照料、危机干预、老年人权益保障等多方面的内容。它依据的是老年社会保障、老年福利与服务、老年卫生、老年文化教育和体育、老年人权益保障以及老龄产业等多方面内容的法律法规和政策。它为老年人提供了基本的生活保障,特别是为老年人中的特殊困难群体提供了基本保障。

2.非正式支持

(1)非正式支持体系的构成。非正式支持体系构成通常分为三类:第一类是家庭成员(主要是子女)对父母的养老支持;第二类是亲属(兄弟姐妹及远亲、姻亲等)对老年人的支持;第三类是非亲属对老年人的支持,如邻居、朋友、同事、社会志愿服务等。

(2)主要支持内容。非正式支持在老年人的生活中发挥着多方面的作用,内容主要包括经济支持、情感支持、生活照料、精神慰藉等。多项研究表明,对于老年人来说,家庭是社会救助的主要来源。在老年人失去社会参与的主要条件以后,非官方的社会援助可以满足老年人感情上的需求。对于老年人老化过程中的某些消极后果,家庭、朋友、邻居,甚至附近商店的售货员和邮递员这样的熟人,都可能成为有效的缓解手段和方式。

3.用家庭思维建立家庭支持

"家庭思维"指的是把老年人看成复杂的多代关系系统的一部分。这一关系系统对老年人的生活有重大影响,是老年人与其他人交往并获得支持的基本来源。诸如配偶、父母、祖父母、兄弟姐妹之类的家庭角色是老年人自我概念的重要组成部分,即使是当与这些角色相联系的特定功能已经终止,它们还是会影响老年人的所思所想。有效动员老年人的社会支持系统要求社会工作者应具有"家庭思维"。

家庭体系的工作主要包括四项内容:一是帮助家庭"解除羁绊",超越当前阻碍,代表老年人把家庭动员起来;二是识别成功的家庭应对技能,并根据需要拓展新的技能;三是帮助老年人及其家人把有冲突的需求排出先后次序;四是为老年人制定一个行动方案,帮助家人治疗旧伤,处理积怨。

照顾老年人的工作会面临许多压力,如照顾关系缺乏互惠性、与社会隔离、照顾工作繁重等。社会工作者可以开办照顾者支持小组,维系住照顾者,给他们提供情绪上的支持和具体的建议,让照顾事宜效率更高,更有收获。

4.促进老年人的生活融合

众多研究表明,社会隔离对于老年人有显著的危害,鼓励和动员老年人保持社会接触会大大促进老年人的身心健康。社会工作者要通过为老年人设计不同类型的活动方案,制定不同年龄段的人共同参加的社区活动项目,促进老年人与社会的融合。

(五)处理老年人特殊问题

1.虐待和疏于照顾的问题

虐待老年人指的是恶意对待老年人,在身体、情感或心理及经济方面对老年人采取非人道的做法。疏于照顾老年人,既包括主动以及被动地让老年人得不到所需要的照顾,导致老年人的身体、情绪和心理方面的健康衰退。在处理老年人遭遇虐待和疏于照顾问题时,社会工作的主要介入措施有以下几点:

(1)维护老年人的合法权益,保护老年人免受经济方面的剥夺。

(2)为不同境况中被虐待和被疏于照顾老年人提供救助性服务。

(3)为不同境况中被虐待和被疏于照顾老年人构建正式和非正式社会支持网络。

(4)做政策方面的倡导和舆论方面的呼吁,改变和调整被虐待和被疏于照顾老年人的家庭和社区环境。

2.丧亲问题

协助老年人面对濒临死亡和丧亲的现实,是老年人社会工作中的一个重要的内容,这方面的工作对社会工作者来说也是一个非常大的挑战。国外学者伊丽莎白·库布勒·罗斯研究发现:个人在接受自己不可避免的死亡或他人的死亡时,会经历一个由"否认期—愤怒期—讨价还价期—抑郁期—接受期"构成的心路历程。行将去世的老年人在身体、心理、社会和精神方面有一些特定的需求。如害怕延长身体上的不适或痛苦,关心自己的身体形象和其他人对自己的观感,需要尽可能长地保持对自己生命的某种掌控感,需要跟家人和朋友保持接触,老年人本人和家人、朋友常常相互都有退缩行为,需要有机会在一个安全的氛围里谈论即将到来的死亡,需要寻求生命的意义。

依据上述情况,社会工作者在老年人濒临死亡时要做的重要工作如下:

(1)提供情感支持。协助老年人及其家人处理濒临死亡而带来的多种复杂的情绪,敞开心扉,处理未了事宜。

(2)代表老年人及其家人争取合理合法权益。老年人及其家人可能会心绪不宁,社会工作者可以发挥重要作用,代表他们跟其他专业人员打交道,确保医护人员能敏锐地体察和理解老年人及其家人的需要。

(3)提供相关资料和信息,帮助老年人及其家人得到有关病情、备选处置方案、预立治疗指示、临终关怀和支持性服务的相关资料和信息。社会工作者可以帮忙准备资料,让家庭了解他们应该清楚的事情,并把难以应对的挑战分解成更容易掌控的事宜。如果一个家庭正在考虑临终关怀服务,那么社会工作者就可以为其提供本地临终关怀组织的相关资料和信息,并细化做出这一选择的步骤。

(4)做丧亲辅导。帮助老年人及其家人把丧亲视为一个过程,一个长期的系列调整过程,在生活方式和态度上有所改变。老年人及其家人可能也需要得到支持性服务方面的资料,帮助他们在所爱的人去世后重新组织自己的生活,这些支持性服务包括个人或家庭辅导、家务服务、技能培训、房屋修缮和维护,提供支持性小组、社会性活动等。

3.临终关怀性服务

临终关怀性服务主要包括:

(1)辅助医疗专业人员为老年人减轻(控制)疼痛和症状的服务,包括音乐治疗、艺术治疗、宠物治疗、戏剧治疗等。按摩和做运动也常用来缓解临终者及其家庭照顾人身体上承受的压力。

(2)协助老年人及其家人解决医疗费用方面的问题。

(3)提供丧亲后续服务。尽管照顾濒临死亡的亲人不容易,但是处理亲人离去后的哀伤也需要得到社会的支持和专业的协助。

4.自杀干预

(1)自杀评估。评估老年人的自杀倾向,可能要比评估年轻人更困难,因为老年人不愿意说出自杀的想法,并且实际实施自杀的可能性要大得多,社会工作者应意识到与老年人自杀有关的风险因素,并通过直接的、间接的和行为上的线索加以评估。在评估老年人的自杀风险时,可以从以下三个方面进行:

①直接线索。老年人若直接说"我要了结自己"或者"有时我真想结束一切",这可能并不是随便说说,应引起关注,它是直接的线索,表明该老年人正在考虑终止自己的生命。如果老年人有这类直接表达的话语,那么就要进一步筛查他的自杀倾向,包括老年人是否有具体的计划和实施计划的途径,如果有的话,那么就要马上采取干预措施。老年人正在考虑的自杀手段越致命,其实施方案的可能性就越大,完成自杀企图的风险就越高。

②间接线索。有时老年人会借用一些问题看所爱的人的反应,如"没了我你会过得好些",或者"这些日子我太麻烦人了",这些话是直接要求肯定他们的生命有价值,他们对某人来说很重要,尽管家人和社会工作者可能觉得这样的话让人恼怒,但这是老年人在绝望地呼救,要引起重视,不能视而不见。

③行为线索。有些老年人虽然没有提供任何口头线索,但内心已经决定了要结束自己的生命,并且不愿意和别人沟通。这些老年人常常会在行为上流露出一些倾向,这应该被视为警示信号。国外学者提出下面

一些线索可表明老人会有自杀倾向：企图自杀或者过去自杀过；储存药物；出人意料地立遗嘱或修改遗嘱；突然开始筹划葬礼安排；突然把贵重物品送人；非本人性格特点的不在意自己或不做家务；长期情绪焦灼动荡或抑郁，却突然变得安稳、平和。有上述其中任何一个行为本身并不一定表明就有自杀倾向。然而，当这些风险因素与直接或间接线索一起出现时，老年人实施自杀的风险就会很高。社会工作者如果认为老年人的自杀风险高，就要咨询常接触老年人的人，获得老年人近期行为表现的更为完整的资料。

（2）干预措施。社会工作者在做显示自杀倾向的老年人的工作时，要扮演先行预防者的角色，把工作聚焦在当前促使老年人决定终结生命的危机上。常有的情况是有个相对而言微小的事件推动老年人做出了这一决定。设定一个极短时间内能够实现的目标，可能帮助老年人缓解感受到的压力。社会工作者首先要清除眼前的危险，如老年人储存的药物；找人在老年人艰难的时候陪着他，或者联络医护人员，让老年人住院接受进一步评估；与老年人做安全约定，让他答应在你下次来探望前不要自杀。社会工作者要注意，每次联络老年人都要重新确认老年人的这一承诺，这能帮助老年人平稳度过危机阶段，直到长期问题也能着手解决时。同时，社会工作者也需要为老年人做简短的缅怀往事治疗，积极地跟老年人在一起找出他发挥过的长处和应对问题的技巧。此外，要动员老年人外部环境中的资源，如家人和朋友的力量，这些支持对老年人非常重要。老年人常常在看不到有什么解决问题的办法和缺少社会支持时，才会错误地认为自杀是一种选择。社会工作者应积极制定行动方案，为看似无法应对的问题提供解决途径，及时为老年人提供社会支持，通常会给老年人带来生存下去的希望。

（三）社工站助老工作优秀案例

综合联动，打造养老服务联合体

——江苏省太仓市乡镇(街道)社工站为老服务实践探索

耿彤彤

伴随着经济快速发展，人民生活水平大幅提高，作为富裕型长寿之乡，江苏省太仓市的老龄化发展呈现出老年人口增长速度快、占比高的特点,老年人口高龄化、失能失智的程度日益叠加,对高质量养老服务的需求凸显。在此背景下,太仓市乡镇(街道)社工站立足市、乡镇(街道)、村(社区)三级社会工作服务体系,积极打造重点满足特殊困难老年人需求的养老服务框架,探索新时代的养老服务模式。

在实践中,太仓市乡镇(街道)社工站以困境老年人及家庭为中心,秉持积极老龄化的理念,依托社区照顾模式,以专业社工团队为主导,聚焦老年人周边、身边和床边的各项需求开展服务,同时推动各类社会资源广泛参与为老服务,构建前端——发掘服务需求、中端——形成服务方案、后端——多元主体介入的养老服务系统架构,打造独具特色的养老服务联合体。

前端——发掘服务需求,建立需求响应机制。为第一时间关注并发掘老年人服务需求,太仓市民政局在153个村(社区)建立了村(社区)社工室及网格员队伍。社工室社工及网格员依托"行为特征识别"和"关注问题上报"两份清单,针对老年人开展常态化的走访及需求评估。在走访及调研过程中,发挥社工下沉到社区的优势,触及乡镇(街道)、村(社区)的各个家庭和角落,发掘老年人群体的服务需求和困境,并及时上报至太仓市社会工作服务指导中心。收到困境老年人需求案件后,太仓市社会工作服务指导中心依托专业测评流程,结合"身心社灵"四个层次和个体、家庭、社会三个维度的生态系统,对老年人问题及需求进行研判,将困境老年人需求案件分为红色、橙色及黄色预警案件。其中,相对复杂且紧急的红色预警案件由太仓市社会工作服务指导中心的高级社工师及心理咨询师直接跟进;其他类型案件则通过太仓市社会工作服务指导中心派发到乡镇(街道)社工站,由社工站联动辖区社会组织开展服务。

中端——制定跟进方案,打造个案管理服务体系。针对老年人多层次、复杂化的需求,太仓市社会工作服务指导中心积极引导乡镇(街道)社工站以个案管理的模式介入。乡镇(街道)社工站充分发挥社工在个案管理方面的优势,立足老年人全生命周期进行专业需求评估及过程管理。社工通过多层次全方位评定老年人的内在外在资源及障碍,及时形成综合评估结果。随后,乡镇(街道)社工站以评估结果为依据,整合太仓市社会工作服务指导中心、日间照料中心等专业社工及养老服务资

源,建立个案服务网络,形成合力,对症下药。

以失能困境老年人为例,乡镇(街道)社工站会从老年人的生理失能部位复建、孤独感的消除、社会支持、家庭照护者的技能培训及喘息驿站构建等多个维度制定服务跟进方案,依托社会工作师、养老护理员、健康管理师等跨专业多元化服务团队,打造"家庭 + 护理站 + 社工站 + 社区"的多元照护团队。在方案制订过程中,坚持贯彻全面照顾、个别关怀的服务理念,为困境老年人提供社会化服务。

后端——多元主体介入服务,实现被动到主动的转变。经过前端的需求发掘和中端的方案制定,太仓乡镇(街道)社工站对于需要引入的社会力量及介入方式进行梳理。在服务过程中,社工站积极链接辖区日间照料中心、长期护理部门、志愿者、爱心企业等资源,依托多元力量对接日间托养、居家服务、护理服务等服务,并将静观自我心理治疗、认知症预防、老年自组织培育、适老化改造、长期护理等有针对性的专业举措融入服务中,丰富服务体系,拓展服务内容,实现两个"主动"。

1.积极面对老龄化,让老年人成为主动参与者

老年人随着年龄的增加和身体机能的退化,往往会形成自己"无用"的认知,需要社工帮助其重建生活的信心和能力。因此,太仓乡镇(街道)社工站将助人自助的理念融入服务中,从增能视角,充分认可老年人自身的能力和自身蕴含的资源,提升老年人改变生活状态及获取资源的控制能力和影响力,鼓励他们主动参与社会,从而实现老年人从被动接受服务向积极养老转变。

太仓乡镇(街道)社工站以社工站(室)项目为载体,将老年人吸收到社区居民代表、楼道长、疫情防控等团队中,为社区困境老人提供支持,建立老年委员会、退休教师工作室等基层老年社会组织,实行老年人自我管理、自我服务、自我教育、自我监督。通过建立一个稳定的公益社团、一个开放的公共营造场地、一个透明的信息公布机制和一直持续服务的志愿委员会,保障老年人稳定、主动参与社区,让老年人在社区生活中更有获得感、幸福感。

2.循证干预,主动服务

太仓乡镇(街道)社工站积极整合"邻里家园"及公益创投项目的专业力量,发挥社工下沉到社区的优势。社工在综合分析老年人相关信息

的基础上,主动开展干预筛查、风险排查等服务,对老年人进行生理及心理健康等方面的提前干预。

太仓乡镇(街道)社工站还将循证实践融入为老服务中,基于老年人共性需求提出研究问题、制定研究和介入方案,并评估解决方案的有效性和效率。以高龄老人的防跌倒服务为例,太仓乡镇(街道)社工站着眼于老年人的跌倒风险,从简易的防跌宣传,到中医干预元素介入、家居风险筛查及改造,再到循证研究视角下的高龄风险因素筛查并在低龄提前介入,一步步将服务视角前移,主动发现、主动干预、主动服务,提前防范一些不可逆的伤害,从而让老年人能够实现主动健康。

通过前端、中端和后端服务网络的构建,以及由被动到主动的服务视角转变,太仓市构建了具有县域本土特色的社工站综合养老服务体系,推动了太仓养老服务的多维发展。

创新了养老服务模式:"养老个案管家"精准对接需求。为了更精准地掌握老年人的服务需求,提高内部资源整合的效率,太仓乡镇(街道)社工站建立了"养老个案管家"服务模式。在该模式下,社工作为"养老个案管家"成员之一,以老年人需求评估结果为依据,为老年人制定个性化的服务计划,并为每位困境老年人都建立一份服务档案。随后,"养老个案管家"根据服务计划,依托"老联体"平台资源,提供个性化服务。通过个案管理的模式,"养老个案管家"可以动态掌握老年人的个性化需求,并根据需求变化及时调整服务,有效提高了养老服务资源的利用效率。

完善了养老服务内容:贴近刚需老年人,实现闭环服务。在"老联体"的服务体系和"养老个案管家"服务模式的基础上,社工站重点从服务的"供给侧"入手,认真研究分析失能、半失能老年人,失独老人,分散供养特困老人的刚性服务需求,逐步拓展心理慰藉、生活照料、居家医疗护理、康复等方面的服务,逐步建立涵盖老年人"身心社灵"全方位需求和自理—半自理—失能—临终全周期需求的养老社工服务供给体系,不断丰富居民的"养老货架","一站式"解决老年人的所有养老需求。

制定了为老服务标准:规范化、标准化提升服务水准。为了保证服务水准和服务的可持续发展,及时提炼总结服务经验形成可复制的服务模式,社工站整合社工为老服务的详细服务内容、流程、要求、记录等相

关制度文件，并形成了相应的服务标准。同时，确保社工站及各服务点都能按照统一标准、统一要求提供服务，并严格按照标准的要求进行考核监督，保证了为老服务的质量。

▶ 第三节　儿童服务领域社会工作服务

一 儿童的特点和需要

儿童是一个身心处于快速发展状态的脆弱个体，社会工作者需要充分了解这种和脆弱相伴随的成长过程，综合运用专业的价值理念、科学知识和方法，改善或者消除儿童的脆弱性，从而为儿童顺利成长提供有效保障。

（一）儿童的定义

在我国现实生活中，存在着不同的儿童概念界定，有的将儿童界定为6周岁以下，有的界定为12周岁以下，有的界定为14周岁以下，更多的是将儿童界定为16周岁以下年龄段。

之所以出现上述混乱现象，主要是因为人们界定指标的不同。将儿童界定为6周岁以下年龄段，其界定指标是"成长状况"：6周岁以下的儿童不仅身体弱小，而且对父母或者他人的依赖程度也很高，还没有"长大"。将儿童界定为12周岁以下年龄段，其界定标准是"小学生"和"儿童节"：小学毕业以前，所有的儿童都会参加六一儿童节的庆祝活动，并享受一天的假期，12周岁以后或者说上初中以后，他们就不再有机会庆祝六一儿童节了。《中华人民共和国刑法》规定14周岁以下的未成年人为完全无刑事责任人，无须为自己的犯罪行为承担刑事责任；此外这个年龄段的界定还与我国少先队和共青团工作相关，将14周岁以上定为共青团的工作对象。将儿童界定为16周岁以下年龄段，其主要的界定指标是我国相关法律：一是《中华人民共和国刑法》规定年满16周岁的未成年人犯罪应当负刑事责任，但要从轻处罚；二是《中华人民共和国劳动法》规定任何组织和个人可以招聘使用年满16周岁未满18周岁的未成年人，但在劳动工种、劳动时间、劳动环境等方面需要提供特殊保障；三是《中华人民共和国民法通则》规定年满16周岁且以自己的劳动收入为主要生活来源的未成年人为完全民事行为能力人，否则为限制民事行为能力人。

总的来说，现实生活中存在的有关儿童的不同年龄阶段的界定，主要是人们依据自己的生活或者工作经验，方便相应描述而产生的。而在国家层面，各种法律文本中的界定都是统一且唯一的，即"未成年人"。因此从实际运用的角度，"儿童"一词在我国较为随意和口语化，"未成年人"一词较为正式和书面化。

儿童社会工作以联合国《儿童权利公约》为依据，以年龄为界定指标，将儿童界定为所有未满18周岁的自然人。《中华人民共和国未成年人保护法》将未成年人界定为未满18周岁的公民，与《儿童权利公约》对儿童的界定一致，因此在我国社会工作实务中，儿童与未成年人同义，可以互换使用。

上述定义从年龄的角度，突出强调了"儿童"是一个人生命的起始阶段，是与成年人相对应的群体，是具有独特文化内涵的群体。

（二）儿童的特点

1. 社会属性的特点

儿童作为一个独立的社会个体，具有社会属性特点，即基础性。

（1）童年是每一个人人生的基础。童年是人生的最初阶段，每一个儿童在童年时期的经历，决定了他进入成年期的状态，并对其成年生活有着重要的影响。所以说童年对于每一个人来说，都是其人生的基础。

（2）儿童是每一个家庭的基础。儿童是每一个家庭中不可或缺的成员，是家庭概念中的基本要素。儿童在家庭中的存在能使每一个家庭得到延续，包括延续家庭的经济和文化，是家庭可持续发展的基础。

（3）儿童是一个社会发展进步的基础。任何一个社会的发展和进步，都离不开儿童的发展和进步，即国家的命运在于"少年"，少年智则国智，少年富则国富，少年强则国强，少年自由则国自由，少年进步则国进步。儿童是国家的希望，民族的未来，是社会发展进步的基础。

2. 儿童成长的特点

（1）快速性。从出生到年满18周岁，儿童的身体，包括脑神经系统、循环系统、内脏器官、肌肉骨骼等都处于迅猛的成长过程中。儿童的认知和社会行为随着他的第一声啼哭就开始了，到18周岁时，其心理人格基本形成,社会行为规范也处于基本完成的状态。每一个人只在儿童期经历这样快速且全面的发展。

(2)阶段性。儿童生长发育的阶段性也被称为"儿童发展的年龄特征"。它是指在儿童发展的连续过程中,处于不同年龄阶段的儿童会表现出某些稳定的、共有的典型特点。儿童从出生到18周岁以前,其成长阶段通常包括婴儿阶段(0~1周岁)、幼儿阶段(2~3周岁)、学前阶段(4~5周岁)、学龄阶段(6~12周岁)和青少年阶段(13~18周岁)。不同阶段的儿童,不仅具有较为相似的生理发展特点,也具有需要完成的共同的社会心理发展任务。

(3)顺序性。儿童在身体的快速生长和发育的过程中,遵循从上到下、由近到远、从小到大、由低级向高级的顺序性。如婴幼儿先会抬头,后会抬胸,再会坐、立、行,这是从上到下的顺序;婴幼儿的身体运动遵循从臂到手、从腿到脚的顺序;在骨骼和肌肉的协调发展中,遵循先大骨骼与大肌肉,再小骨骼与小肌肉的顺序。儿童的社会心理发展也具有顺序性。从积极人格培养的角度来说,婴儿时期的儿童需要完成信任人格的培养;幼儿时期的儿童需要完成自主人格的培养;学前阶段的儿童则需要完成勤奋的人格培养。这些社会心理人格的培养,必须在儿童成长发展的某一个阶段完成,这些阶段无法变更顺序。

(4)不均衡性。儿童期个体在迅速生长发育的过程中,身体各系统的发育是不均衡的。从出生到年满18周岁,儿童会经历两个相对来说更加快速生长发育的阶段:一是出生后的第一年,这之后生长速度会减慢;二是青春期,这个阶段的生长速度又会加快,到18周岁时骨骼的发育基本定型。从各系统具体发育来说,儿童的神经系统,如脑、脊髓和周围神经等的发育较早,生殖系统发育较晚,免疫系统到12周岁左右趋于成人水平。

(5)个体差异性。儿童生长发育的个体差异性是指由于遗传和环境因素的影响,儿童在具有整体共同特征的基础上,在身心发展的表现形式、内容和水平等方面,都有不同于整体特征的个性化特点,具有不同于他人的成长轨迹。

(6)分化与互补性。儿童的身心发展具有分化与互补的特点。儿童的各种生理和心理能力的发展和成熟,多数情况下都依赖于明确分化的生理机能的作用,但在总体发展水平方面,却又表现出一定的机能互补性特点。这种协调性能协调人的各种能力,使有生理缺陷的儿童不至于因某种生理机能的缺陷而严重地阻碍其整体发展水平的实现,相反能使其尽可能地适应自己的生活环境。

(三)儿童的需要

儿童的发展包含身体从弱小到强大,智力从低到高,心理人格从无到有,以及行为从稚嫩趋于成熟的过程,这个发展过程需要获得不同方面的照顾、引导、支持和保障才能完成。

1.生存的需要

生存的需要包括生命存在的需要和社会存在的需要两个方面:

(1)生命存在的需要,即获得基本生活照料,包括养育照料和可获得的最高水平健康医疗照料。

(2)社会存在的需要,即获得社会身份,包括姓名、户籍和国籍等。

2.发展的需要

儿童的发展需要也被称为"儿童的成长需要",是指儿童为了身心发展,需要获得的关爱、教育和引导。它主要包括:

(1)获得良好的家庭生活,得到父母的爱和适当管教,与父母建立良好的亲子关系。

(2)拥有受教育的机会,有良好的教育和学习环境,满足其探索和认知世界的求知欲。

(3)获得足够的休闲和娱乐,有适合儿童且安全的娱乐场所,为儿童形成良好的娱乐休闲态度、方式和行为提供教导和培养。

3.受保护需要

儿童的受保护需要也被称为"儿童的免遭伤害","需要"是指儿童在其成长过程中,应在身心两方面得到安全保障,不受到任何人为的伤害。这些人为的伤害主要包括对儿童的虐待、忽视和剥削。儿童虐待包括以下几种情况:

(1)身体虐待,如体罚和责打。

(2)情绪虐待,如用讽刺、挖苦和侮辱性语言对儿童进行管教,不公平地对待儿童以及歧视儿童。

(3)性虐待,如成人对儿童实施性行为,引诱儿童一起观看性活动、

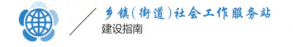

性录像或者性图片等。

(4)儿童忽视,包括对儿童身体健康需要的日常生活照料和医疗照护的忽视,对儿童发展需要和教育需要的忽视,以及对儿童社会化发展需要的同伴交流和接触社会机会的忽视。

(5)儿童剥削,主要包括以童工形式的劳动剥削和让儿童从事商业性活动的性剥削两大类型。

4.社会化需要

儿童的社会化是儿童逐步了解社会、掌握生存技能的过程,是人的社会化过程的第一步。它要求儿童在其成长过程中通过个人和社会的交互作用,获得语言、思维、情感等方面的能力和行为方式。儿童社会化的具体内容包括:

(1)培养儿童的基本生活技能,使儿童掌握吃饭、穿衣、保持个人清洁卫生、语言表达等人类发展的最初行为方式。

(2)促进自我观念发展,使儿童能分清自我与非我二者的关系。

(3)养成良好的生活习惯,使儿童逐渐懂得约束自己的行为,调整好个人与个人,个人与家庭、学校、社会等方面的关系。

(4)培养良好的道德品质,使儿童逐步适应社会规范,具备社会公德,培养社会角色,使儿童随着年龄的增长,不断扮演适当的性别角色、游戏角色、学校角色以及社会角色等。

(四)儿童面临的问题

随着我国社会经济的发展,儿童的生活照料和成长教育状况得到普遍改善的同时,在养育、保健、照料、教育、保护等方面仍然存在很多困难和挑战。农村近千万的留守儿童、单亲家庭儿童、贫困家庭儿童等,在日常生活照料以及成长引导教育方面存在着许多不足,甚至有被忽视的风险。另外,除十几万孤儿之外,还有大量事实上无人照顾的儿童,他们的父母或因重度病残,或因犯法服刑,还或因吸毒和失踪等,无法履行抚养和照顾子女的监护职责。还有少数儿童被虐待和伤害。

1.儿童生存的问题

(1)新生儿健康问题。尽管我国新生儿死亡率、婴幼儿死亡率和5周岁以下儿童死亡率1991—2022年持续降低,城乡差距明显缩小,但是高龄产妇的新生儿缺陷率高于其他年龄段产妇。

（2）儿童营养问题。我国儿童的营养状况在过去30年里已有显著改善。但是，农村地区儿童体重和生长迟缓率为城市地区的3~4倍，而偏远地区农村又为一般地区农村的2倍。5周岁以下儿童存在生长迟缓和消瘦现象；因膳食营养不良或者过剩，城市中患有肥胖症、糖尿病、性早熟以及龋齿病症的儿童数量也越来越多。

2.儿童发展的问题

儿童发展是指儿童在成长过程中生理和心理方面有规律地进行量变和质变的过程。儿童发展的问题往往体现为其成长过程中接受或者遭遇到的不符合其成长规律的对待，既包含不恰当的客观环境，也包括不恰当的态度和行为。当前，我国儿童发展面临的主要问题包括以下两个方面：

（1）贫困问题。儿童贫困是一个具有包容性的多维概念，经济和物质的匮乏是儿童贫困的显性体现，有效成人陪伴、情感回应、健康照料、榜样示范等儿童成长资源的匮乏是儿童贫困的隐性体现。前者往往是造成后者的原因，但导致后者的原因并非只有前者。另外，显性的经济和物质匮乏相较其他隐性资源的匮乏，较易量度，能够直观地帮助人们了解儿童贫困的规模和水平。我国与多维儿童贫困相关的典型问题有两个：一是留守儿童问题，二是经济贫困儿童问题。留守儿童问题是典型的隐性儿童贫困问题，他们的贫困主要表现为缺乏父母的陪伴，往往处于生活上有祖辈或者其他亲戚照顾，而日常情感缺乏有效回应，学业上缺乏指导或者辅导的状态中。我国显性贫困儿童主要指经济贫困儿童，包含按月领取基本生活费的孤儿、被纳入农村特困人员供养的特困儿童以及被纳入最低生活保障范围的儿童。

（2）家庭监护问题。良好的家庭监护是儿童成长的基本保障。父母教养子女的能力，即亲职能力是家庭监护核心组成部分，它包括父母是否有科学的育儿观念，是否具有正确的育儿方法，是否具有足够的育儿时间和精力等。受到家庭监护状况影响的儿童群体，主要包括留守儿童、流浪儿童、流动儿童、单亲家庭儿童、父母均服刑儿童、父母均为药物滥用者儿童以及父母均为大病患者儿童等。

3.儿童保护问题

儿童保护是指保护儿童免遭忽视、虐待、剥削和暴力等的权利侵害。儿童的保护问题则指针对儿童的忽视、虐待、剥削和暴力等侵害行为或者事件。在我国现实社会中，儿童保护问题主要包括以下几个方面：

（1）儿童被遗弃问题。儿童被遗弃是儿童忽视的极端形式，主要指法定监护人遗弃无自我照顾能力的未成年子女的行为。被遗弃未成年子女往往是有先天性病残疾患的婴幼儿、非婚生婴幼儿或年龄稍大一些的智障儿童。我国儿童福利机构中的儿童大多数为弃婴，其中病残儿童占绝大多数。近年来，儿童福利机构收养儿童数量呈现逐年下降的趋势。

（2）儿童遭受体罚和肢体虐待问题。尽管目前还没有权威的全国性研究或者统计数据，但已有的小规模或者局部的研究显示，儿童在学校和家庭环境中遭受体罚的现象十分普遍。一项近 5 000 份关于 16 周岁以前经历回顾的问卷调查发现，54.6% 的男生和 32.6% 的女生曾被人非常用力地徒手打过，39% 的男生和 28.5% 的女生曾被人用棍棒、扫帚或者皮带等打过，3.8% 的男生和 1.9% 的女生曾被人为窒息或烧伤、烫伤、刺伤。近年来，媒体曝光了在一些幼儿园和小学中，老师严重体罚或者殴打幼儿或学生的案例。

（3）儿童被性侵问题。上述同一份调研报告显示，5 000 名被调查者中，12.2% 的男生和 13.8% 的女生曾受到言语性骚扰；6.5% 的男生和 11.9% 的女生曾有人故意向他们暴露生殖器；9.7% 的男生和 13.5% 的女生曾被他人触摸身体隐私部位；1.9% 的男生和 2.7% 的女生曾被迫接触侵犯者的隐私部位；1.7% 的男生和 2.1% 的女生曾被迫与他人发生过性行为。

（4）儿童被忽视问题。儿童被忽视和儿童虐待一样，是一个具有谱系特征的儿童侵害现象，其施害人通常是儿童与之有情感链接的家长或者教师。儿童被忽视往往发生得悄无声息，其过程较长，且过程中儿童受到侵害的结果往往不太明显，难以及时发现。一般来说，儿童年龄越小被忽视的伤害就越大。

（5）儿童被拐卖问题。尽管迄今为止还没有权威的统计数据，但儿童被拐卖问题已经是一个受到社会广泛关注的问题。这不仅给失去孩子的父母带来了无尽的痛苦，也让被拐卖受害儿童经历了身心创伤。儿童被拐卖现象产生的原因，与贫困和传统重男轻女以及养儿防老的思想观念相关。

(五)儿童社会工作的概念

1.儿童社会工作的定义

儿童社会工作是现代儿童福利制度的有机组成部分,是指社会工作者在儿童权利价值理念的指导下,以全体儿童为服务对象,聚焦困境儿童,通过对具体服务对象个体或群体服务需求的专业评估,有的放矢,运用适合儿童群体的方法和儿童发展的科学知识及社会工作实务理论,从服务对象个体、群体、家庭、社区和社会等不同层面为儿童提供服务,创造儿童友好环境,帮助儿童免遭权益侵害,促进儿童健康成长。

2.儿童社会工作的类型

儿童社会工作的目的是保障儿童得到适当的养育、照料和教育,并保护他们免遭伤害,能够安全成长。以具体的服务内容为指标,儿童社会工作可以分为儿童福利服务和儿童保护服务两大类型。

(1)儿童福利服务。儿童福利服务是指儿童社会工作者围绕儿童安全、健康成长所需要的基本生活保障而开展的所有服务。儿童的安全和健康既包含生命的安全和健康,也包含心理的安全和健康。因此,儿童社会工作开展的儿童福利服务的核心任务,是为在生存和发展方面存在困难的儿童及其家庭提供专业服务,以有效维护儿童的生存权和发展权,具体包括以下内容:

一是支持性服务。支持性服务是指为一般家庭的育儿需求而开展的常规性服务。其服务的对象是全体儿童及其家庭,尤其是监护状况良好的家庭。支持性服务的主要内容包括为儿童及其家庭提供定期的育儿知识和技能培训或者工作坊,个别化育儿咨询辅导;为儿童提供休闲娱乐服务;为准妈妈提供咨询以及协助办理新生儿户籍登记服务等。这类服务的目的是为父母履行教养职责、满足儿童成长的需要提供及时和有效的支持。

二是补充性服务。补充性服务是指为面临特定困难的家庭的育儿需求而开展的服务。这类服务的对象是亲职能力不足的儿童及其家庭。补充性服务的主要内容包括为经济困难家庭链接资源,补充家庭经济;为时间和精力不足的父母提供托育服务,补充家庭照料;为遭遇特殊困境的新生儿及其父母提供健康育儿资讯和技能培训服务。这类服务的目的是通过弥补父母亲职能力的不足,改善父母的亲职状况,以满足

儿童成长的需要。

(2)儿童保护服务。儿童保护服务是指为保护儿童免遭权益侵害而开展的服务。儿童福利服务是儿童保护服务的基础,两者相辅相成,共同构成儿童安全、健康成长的兜底网络。儿童保护服务的对象是存在或者已经遭到人为伤害,包括虐待、忽视、剥削和暴力伤害的儿童,儿童保护服务主要包括以下内容:

一是预防服务。预防服务是指社会工作者在儿童所在的社区环境中对社区和家庭尤其是后者存在的儿童受侵害风险进行发现、监测和干预的专业活动。这些风险主要包括儿童自身状况给父母亲职的挑战、家庭贫困、家庭人际关系尤其是父母关系紧张、父母育儿行为不当、父母照料缺失等。预防服务即为能够及时发现上述不利于儿童安全、健康成长的风险,采取有效措施,消除或者改善风险状况,保障儿童的安全,促进其健康成长而开展的服务,包括社区动员和教育,儿童风险的识别、分类分级、监测和干预等。

二是接报处置服务。接报处置服务,是指社会工作者为能够及时发现儿童侵害案件而提供的案件报告和案件处置服务。案件报告的主要形式包括热线、指定邮箱、特制举报箱、微信公众号等,其中最主要的是热线服务。案件处置则指社会工作者从接到报告到案件确认、儿童受害状况评估和情绪安抚及紧急庇护、家庭监护评估和处置等一系列的服务过程。接报处置服务主要依托国家未成年人保护中心来开展。

三是康复和回归服务。康复和回归服务是指社会工作者为受到权益侵害儿童提供的专业服务,主要包括身体康复、情绪辅导、法律援助等,直至儿童能够回归正常生活状态的服务。根据受害儿童的安置状态,康复服务可以在两种环境下进行:①原生家庭环境;②儿童福利机构环境。后者是国家监护体系,也被称为"替代性国家照顾体系"。围绕儿童康复和回归的目标,儿童社会工作者在国家照顾体系中,在针对儿童自身出现的情绪和行为来开展服务的同时,最主要的工作是儿童安置服务,儿童安置的形式包括家庭收养、家庭寄养、类家庭和机构养育或教养四种。安置服务的目的是通过安置服务,使儿童进入自然家庭或者类似自然家庭的环境中生活,体验正常父母亲职照料,能够更好地促进儿童康复和回归。

二 儿童社会工作的主要内容

儿童是处于迅速发展过程中的权利主体,儿童社会工作的目标是使儿童得到适当的养育和照料,儿童身心能够健康发展以及儿童受到保护免遭伤害。因此,儿童社会工作的主要内容包括促进儿童健康成长、补充和改善家庭状况、救助和保护受伤害儿童。

(一)促进儿童健康成长

1.传播理念和知识

提供母婴保健服务,向有育儿计划和已经怀孕的夫妇及家庭宣传优生优育知识;联合医疗人员和机构,督促母亲及其家庭按时接受母亲和婴儿需要的保健服务。母婴保健包括婚前保健和孕产期保健两个阶段。

2.提供家庭支持服务

(1)亲职辅导。亲职辅导指根据家长需要提供的如何做好父母的指导和教育工作,一般可采用个别辅导、家长自助小组和亲子互动团体等方式进行,其目标是帮助父母提高亲职能力,做一对好家长。

(2)婚姻辅导。婚姻辅导以夫妻为主要服务对象,以夫妻双方个人身心素养的成长为基础,提升其对两性关系和家庭关系的经营能力,最终实现个人身心健康成长、两性关系改善和家庭关系改善的目标。

(3)家庭辅导。家庭辅导是指以家庭为单位,以全体家庭成员为对象,以改善家庭成员关系为重点,以恢复能够执行健康的家庭功能为目标的专业指导或治疗活动。

(4)亲子关系辅导。亲子关系辅导是指以父母和子女为对象,以消除两者之间的矛盾和隔阂,增进彼此之间的理解和支持,最后实现两者的良性互动的专业指导或治疗活动。

3.开展儿童支持服务

(1)儿童问题辅导。儿童问题辅导是指专门为儿童提供的辅导服务,包括针对儿童自身的问题行为、与他人的人际交往问题、心理健康问题、身心障碍的康复与治疗问题等开展的一系列专业服务活动。其目的是为儿童提供及时有效的情绪疏导和支持、行为指导和纠正,从而预防可能出现的更加严重的问题,保障儿童健康成长。

(2)儿童的娱乐和休闲。娱乐和休闲在儿童的成长过程中占有十分重要的地位,对儿童在情绪认知、语言社会和身体动作等方面的发展起到了十分重要的作用。具体地说,娱乐和休闲可以帮助儿童:强壮身体;促进情绪的放松和调适;增进人际关系和改善社交技能;获得同伴认同,得到自我实现;培养探索发现和解决问题的能力;凝聚家庭,增进亲子关系;等等。一般来说,儿童的娱乐和休闲方式包括户外球类、室内球类、购物、旅行、登山、看电影、阅读、聊天等。

(3)儿童的社会化引导。儿童的社会化引导是指为处于不同年龄段的儿童提供与其社会化发展需要相符合的社会化引导服务,主要内容包括自我认同、技能学习、团队精神、社会责任等。

(二)改善家庭状况

1.改善家庭经济条件

(1)链接现有政策资源。根据服务对象的具体情况,帮助其链接相关的政策资源,改善其家庭经济状况。这些政策包括孤儿基本生活保障政策、国家最低生活保障政策、残疾人补助政策、大病医疗救助政策、特殊困难救助政策、教育救助津贴政策等。

(2)就业援助。为父母提供职业技能培训并提供就业信息,为其就业提供帮扶,从而实现提高其就业能力,改变其就业状况,改善家庭经济条件的目的。

2.改善家庭监护状况

改善家庭监护状况的主要工作是开展亲职教育。为亲职不当父母提供亲职教育并跟踪辅导,以帮助父母纠正不当教养理念和行为,改善亲职状况,为儿童健康成长提供基本保障。

(三)救助和保护服务

救助和保护儿童是指为永久或者临时失去家庭监护的儿童提供替代家庭监护服务。具体类型有以下几种。

1.儿童收养服务

儿童收养又称"儿童抱养""儿童领养"。依据我国收养法,收养行为是一种设定和变更民事权利和义务的重要法律行为,它涉及对未成年人的抚养和教育,对老年人的赡养扶助以及财产继承等一系列的民事法律关系。收养这种法律行为的目的在于使没有父母子女关系的人们之间产生拟制的法律上的父母子女关系。

儿童收养服务是指社会工作者运用专业的知识、方法为失去家庭监护的儿童(如孤儿)在潜在的收养家庭中选择一个最合适的家庭,以最大限度地满足该儿童身心健康发展需要和家庭养育子女需要的服务过程。社会工作者关注在这种民事法律行为以外的收养人与被收养儿童之间的情感关系的建立,鼓励和促进将这种通过收养确立的父母与子女的关系尽快形成自然家庭式的父母与子女的关系。

我国目前能够提供儿童收养服务的机构为儿童福利院或社会福利院。儿童收养服务包括以下一系列的服务环节和程序:

(1)送养儿童信息发布。信息发布是指按照法律要求,将符合送养条件的儿童的送养信息发布出去,积极主动地为儿童寻找合适的收养家庭。信息发布包括儿童基本信息收集、整理以及信息发布等工作内容。

(2)收养家庭招募。收养家庭招募是服务机构依照法律规定,从提交收养申请的家庭中筛选符合收养条件的家庭并告知后续收养程序的过程。收养家庭招募的程序包括接收收养家庭的申请、审核和筛选合格家庭以及告知被选合格家庭及后续程序等工作。

(3)收养家庭评估。完成了收养家庭招募工作之后,需要对潜在收养家庭开展家庭调查评估,通过专业社会工作者的实地走访和多渠道的信息收集,对潜在收养家庭的家庭环境、家庭成员互动,尤其是家庭育儿等方面进行全面的调查,评估其是否适合收养福利机构儿童以及适合收养怎样的儿童。

(4)收养家庭培训。在开展潜在收养家庭调查评估的同时,可以对这些潜在的收养家庭进行培训。培训内容主要包括了解收养的意义、确认收养意愿、熟悉收养程序和学习收养经验。

(5)送养儿童与收养家庭适配。在完成了收养家庭评估和培训之后,就要着手将送养儿童和收养家庭进行适配,为完成收养迈出重要的一步。具体工作包括为收养双方创造接触机会,观察、分析和判断双方互动状况,为儿童选择最合适的家庭。

(6)办理收养手续。协助收养家庭与相关部门联系,准备收养相关书面材料,到收养登记机关办理收养登记手续,确认法律上的收养和被收养关系。

(7)送养儿童进入收养家庭。在收养家庭完成了相关收养的法律手续之后,在法律意义上,送养儿童与收养家庭的家庭关系就建立起来了。送养儿童将正式进入收养家庭生活,收养家庭承担起儿童监护人职责。在这个环节,可以通过为儿童准备一些保留其原来或者现有美好生活记忆的东西,帮助其顺利地完成从儿童福利机构到家庭的时空转移和人际网络的重建。

(8)收养后跟踪回访。在送养儿童进入收养家庭之后,还应定期回访收养家庭,了解儿童在收养家庭的生活情况,确保送养儿童在收养家庭中适应环境,并为儿童和家庭在磨合期间遇到的问题提供及时有效的帮助。如果在跟踪回访期间,在收养家庭中发现了儿童保护方面的问题,须立即终止收养。

(9)评估结案。经过收养后一段时间的定期回访,如果没有发现问题,评估结果良好,通常在送养儿童被收养后6个月到1年的时间可以结案。

2.家庭寄养服务

社会工作家庭寄养是指以民政部《家庭寄养管理办法》为依据,经过规定的程序,将出现了家庭监护永久或者临时缺失的儿童,如不满18周岁的孤儿,查找不到生父母的弃婴和儿童,委托给家庭养育的照料模式。寄养儿童的监护权不变,仍由委托机构承担,儿童户籍仍然在原来的福利机构。家庭寄养为儿童福利机构儿童提供了家庭环境,使其有机会感受到家庭生活的氛围。

家庭寄养服务是指社会工作者运用儿童社会工作的专业知识、方法为永久或者临时失去家庭监护的儿童选择合适的寄养家庭,并完成寄养安置的服务过程。

家庭寄养的服务环节为:寄养家庭招募—筛选合格家庭—评审合格家庭—寄养家庭培训—儿童与寄养家庭适配—寄养监督与支持—寄养结案。

社会工作家庭寄养服务的细节与儿童收养服务的细节较为接近,但在儿童进入家庭后的跟踪支持服务方面有较大的差异,收养服务的跟踪支持有一定的时限性,家庭寄养的跟踪服务则以儿童离开寄养家庭为准。除去寄养转收养或者其他意外事故,一般寄养结案的时间是寄养儿童年满18周岁。

3.机构类家庭养育

机构类家庭是指在儿童福利机构内,通过招募自然夫妇充当父母角色,配置3名以上儿童入住与社会居住小区中一样的单元房,形成一个"类似"家庭的儿童照料方式。它的服务程序为:"类家庭"父母招募—筛选申请合格父母—面试评审合格父母—"类家庭"父母培训—儿童与"父母"适配—"类家庭"跟进服务—"类家庭"结案。由于具有家庭元素,社会工作的"类家庭"养育服务步骤和内容与家庭收养服务和家庭寄养服务比较类似。不同的是,家庭收养和家庭寄养的跟进服务是在自然社区环境中的家庭中进行,"类家庭"的跟进服务则是在机构环境中进行,入户走访相对容易许多,但在激活家庭元素方面,"类家庭"面临的挑战,远远超过其他两类育儿模式的服务。

"类家庭"养育还有设置在自然社区中的模式,即选择合适的社区,购买或者租赁小区单元房,让招募到的"类家庭"父母与儿童福利机构的儿童入住其中,"类家庭"父母为儿童提供与小区其他自然家庭一样的照料。这一种的"类家庭"育儿模式与家庭寄养比较接近,社会工作者需要进入社区开展跟进服务。

4.机构集体养育服务

除上述三种养育服务外,家庭监护缺失儿童还有一种养育安置模式,即机构养育,也被称为"集体养育",或者"院舍养育"。它是将家庭监护缺失儿童集中安置在儿童福利机构中,由机构工作人员集体看护的一种照料模式。机构养育或集体养育服务指社会工作者运用专业的知识、方法,为福利院内适合集体养育的儿童提供积极养育的安置服务。社会工作者需要为机构集体养育的儿童尽可能创造一种家庭氛围。目前,我国提供机构养育的主要是儿童福利院或社会福利院,机构养育的对象主要为病残弃婴或孤儿。

5.贯穿四种模式

需要指出的是,社会工作者在上述四种替代育儿模式的实践中,扮演的是儿童权利最大化的实践者角色,即根据每一名儿童的具体需求,通过链接和培育家庭资源的方式,尽可能帮助其进入最适合儿童生活和成长的生活环境之中,并为保障儿童在此环境中免遭侵害和顺利成长,为照料者及其所在家庭和社区提供专业服务,它被称为"儿童安置服

务"。家庭安置永远是儿童社会工作的最高追求。

三 社工站儿童服务工作优秀案例

一个乡镇社工站的儿童服务实践

贺晓淳　罗　晴

为帮助农村儿童更好地应对学习生活、人际交往、心理情绪等方面的成长困惑和烦恼,从2019年起,湖南省宁乡市喻家坳乡社工站积极探索多位一体的协同服务模式,有效联动政府、家庭、学校、社会共同参与农村儿童的关爱和保护,助力儿童健康成长。

1."社工信箱",掌握农村儿童学习生活动态

在宁乡市民政局和喻家坳乡社会事务办的支持下,社工站与学校和村庄建立了良好的信任关系。结合乡村儿童的成长需要和沟通特点,社工秉持助人自助、平等接纳、挖掘潜能、尊重隐私的专业理念和工作原则,在乡村学校设置了"社工信箱"。学生有什么想法都可以通过信件方式向社工倾诉,社工每周阅读信件并及时回信。为培养孩子的责任心,社工还从学校选拔出热心的"小邮差",将每一封承载着温暖与真诚的信件传递到收件人手中。

社工根据来信求助学生的不同情况分层分类,筛选留守和困境儿童进行跟进,对需要危机介入的及时回应,必要时还会开展重点个案帮扶与小组服务,全方位提升儿童的安全感、信任感、效能感与幸福感。

"社工信箱"用持续、真诚、用心、及时、保密的回信,拉近了社工与孩子之间的距离,让孩子们充分地信任社工,愿意主动与社工分享他们成长的心声、困惑和烦恼,也让社工能够常态化和精准化地把握农村儿童的学习生活动态。

2."青苗向荣",回应农村儿童多元成长诉求

为实现农村留守儿童服务"从无到有、从有到好、从好到广",在"社工信箱"服务的基础上,社工进一步扩大服务半径,深入挖掘孩子们个体、家庭、所在村庄的问题和需求,从孩子成长的不同环境场域深化服务。

由于父母外出务工的原因,农村留守儿童也在动态变化之中。其实对于孩子们来说,父母在身边是最好的,是预防儿童陷入留守和困境的治本之策。为了将父母留在孩子身边,实现就地就业,社工发挥资源整合优势,以信息宣传者、资源链接者和能力建设者的角色,协助地方政府、人社部门开展促就业宣传、农村家庭就业培训和妇女能力提升等服务。

同时,针对农村留守儿童的认知提高、心灵成长、安全保护、自信心提升等需求,社工站发起了"青苗向荣"项目,通过宁乡市新时代文明实践中心平台发布儿童需求,对接社会爱心人士认领心愿盒子,定向招募志愿者"一对一"长期牵手帮扶。同时,项目链接了宁乡大剧院、聚说语言艺术学校、宁乡四小蝶农企等爱心资源,成立了"坳里坳朗诵团",实施了"1+1=爱"城乡互动计划、公益美术"美力计划"、英语互动支教计划、农家孩子出村计划等。农村留守儿童可以免费享受高质量的课外辅导,也有了丰富多彩的兴趣班可以上,还能走出乡村去大城市看看……让他们的成长之路充满了关爱。

3.“去污名化”,预防化解农村儿童心理问题

乡村是传统文明之根,但在城市化影响下,乡村文化衰败凋零,农村儿童接受的文化滋养也日渐稀少,面临各种发展困境。喻家坳乡社工站以农村留守儿童为主要服务对象,却又注重"去污名化"和尽力避免"标签化",在服务中将服务对象统称为"乡村儿童",也会积极邀请其他社区儿童共同参与活动,让他们获得同伴的支持。

从全生命成长周期来分析,社工发现留守儿童普遍存在着多种心理困境,包括情绪不稳定、身份认同不足、人生方向迷失、精神世界空虚等,除儿童成长过程中自我认知和能力不足外,也受到了早期养育、家庭教育、乡土舆论等偏负面信息的影响。

社工从认知、心理、社会多层面来预防化解问题,开展了"逆风翻盘"儿童成长小组、"爱的萌成长"留守妇女亲子教育小组、"做情绪的主人"心理减压辅导小组、儿童读书会等,以此来实现留守、困境儿童认知矫正、自我认同、心理调适等目标。

结合宁乡深厚的红色文化和禅宗文化,社工还开展了富有本土特色的活动,如喻家坳乡土音乐联谊会、"栀子小镇"自然亲密接触、峡山水库净滩行动、走进谢觉哉和何叔衡故居、体验农禅生活等,引导孩子们在参与中感受美好、热爱生活、热爱家乡。

第四章

乡镇(街道)社工站基本服务方法

▶ 第一节　个案工作方法

个案工作是由专业社会工作者通过直接的、面对面的沟通方式,运用有关人和社会的专业知识和技术,对个人或家庭提供心理调整和环境改善等方面的支持和服务,其目的在于协助个人和家庭充分认识自身拥有的资源和潜能,完善人格和自我,增进其适应社会和解决困难的能力,从而达到个人或家庭的良好福利状态。该定义中主要包含以下四个要素:

(1)个案工作的实施主体。受过专业训练的工作者在社会服务机构内从事对个人和家庭的服务,它有别于一般的社会公益活动和志愿者。工作者必须拥有哲学、伦理学、社会学、心理学、法律等学科中关于人与社会的关系、人类行为与人际关系调整方面的专业知识,还要有丰富的个案工作实践经验。

(2)工作对象。面临各种社会适应不良问题的个人和家庭,这些问题影响个人功能的正常发挥或妨碍个人的成长。

(3)手段和方法。具备专业性的特点,工作者运用各种科学的助人的知识和活动,通过面对面的沟通来帮助个人或家庭。一方面直接帮助案主调整心态,激发案主潜能,改变案主行为;另一方面,通过向案主提供社会资源,改进其遭遇和社会处境,从而更好地促进案主改变和成长。

(4)工作目标。协助那些社会适应不良和社会功能失调的个人和家庭,提升其生存和发展的能力,帮助案主能独立应对以后生活适应上的挑战。工作者不是替案主直接解决问题,而是助其自助,和案主共同寻求各种解决问题的途径和方法,使案主能自主决定并采取行动健全自己的人格,改变自己的行为,从而充分发挥自己的社会功能。

一 个案工作服务模式

(一)心理-社会治疗模式

1.理论假设

(1)人的成长与发展假设。人生活在特定社会环境中,生活、心理、社会三个层面相互作用,推动个人成长和发展。

(2)服务对象问题的假设。强调服务对象问题与其感受到的来自过去、现在及问题处理三方面压力有关,使其出现心理困扰,人际交往出现冲突。

(3)人际沟通假设。人际沟通是保证人与人之间进行有效沟通交流的基础,是形成健康人格的重要条件。

(4)人的价值假设。每个人都是有价值的,即使暂时是面临困扰的服务对象,也具有自身有待开发的潜在能力。

2.治疗技巧

治疗技巧包括直接治疗技巧和间接治疗技巧。

直接治疗技巧是指直接对服务对象进行辅导治疗的具体方法。直接治疗技巧分为非反思性直接治疗技巧和反思性直接治疗技巧。非反思性直接治疗技巧是指社会工作者直接向服务对象提供各种必要的服务,而服务对象只处于被动接受状态的各种辅导技巧。这种辅导技巧不关注服务对象的自身感受和想法,主要包括支持、直接影响和探索—描述—宣泄。反思性直接治疗技巧是指社会工作者通过服务对象相互沟通,引导服务对象正确分析和理解自身问题的各种具体技巧。这种辅导技巧比较关注服务对象的自身感受和想法,主要包括现实情况反思、心理动力反思和人格发展反思。

间接治疗技巧是指通过辅导第三者或者改善环境间接影响服务对象的具体方法。其特点是把服务过程分为研究、诊断和治疗三个阶段:①注重从人际交往场景中研究服务对象;②运用综合的诊断方式确定服务对象问题的成因;③采用多层面的服务介入方式治疗服务对象。

(二)认知行为治疗模式

认知行为治疗模式的基本原理包括两项基本原则和三种意识层次的理论假设,以及依据这些理论假设而设计的治疗方法和技巧。

1.基本假设

认知行为治疗模式,是以人的认知和行为为关注焦点的治疗模式。它包含两个基本假设:一是认知对人的情绪行为有着重要的影响;二是人的行动会影响人的思维方式和情绪。

就认知因素而言,其包括三种不同意识状态的层面:意识、自动念头、图式。

2.治疗方法和技巧

(1)方法:根据服务对象问题的复杂程度安排5~20次的面谈,对于一些特别困难的案例,像人格障碍等,辅导面谈的次数可以超过20次,每次面谈的时间为45~50分钟。

(2)技巧:包括个案概念化、合作式的治疗关系、苏格拉底式的提问、结构化和心理教育、认知重塑等。

3.认知行为治疗模式的特点

(1)认知和行为因素的结合。

(2)采用综合的方式开展个案辅导工作。

(三)理性情绪治疗模式

理性情绪治疗模式以人本主义为自己理论的基础,认为人天生就有一种不断追求成长发展的趋向,具体分为两种:一种是发展出健康、理性的生活方式;另一种是发展出不良的非理性的生活方式。

1.理论基础

ABC理论:A代表引发事件,是指服务对象所遇到的当前发生的事件;B代表服务对象的信念,是指服务对象对当前所遭遇事件的认识和评价;C代表引发事件之后出现的各种认识、情绪和行为。

2.治疗技巧

(1)非理性信念的检查技巧,即对服务对象情绪、行为困扰背后的非理性信念的原因进行探寻和识别的具体方法。它包括:①反映感受;②角色扮演;③冒险;④识别。

(2)非理性信念的辩论技巧,即对产生服务对象情绪、行为困扰的非理性信念进行质疑和辨析的具体方法。辩论技巧主要包括:①辩论;②理性功课;③放弃自我评价;④自我表露;⑤示范;⑥替代化选择;⑦去灾难化;⑧想象。

3.理性情绪治疗模式的特点

具体包括五个方面:①明确辅导要求;②检查非理性信念;③与非理性信念辩论;④学会理性生活方式;⑤巩固辅导效果。

(四)个案工作任务中心模式

1.任务中心服务对象

任务中心模式把服务介入的焦点集中在为服务对象提供简要有效的服务上,希望帮助服务对象在有限的时间内实现自己所选定的明确目标。

高效的服务介入必须符合五个方面的基本要求:①介入时间有限;②介入目标清晰;③介入服务简要;④介入过程精密;⑤服务效果明显。

从任务中心模式来看,任务就是服务对象为解决自己的问题而需要做的工作。它是服务介入工作核心,是实现介入工作目标——解决问题的手段。

任务中心模式认为,服务对象的自主性主要包括两个方面的内容:①服务对象具有处理自身问题的权利和义务;②服务对象具有解决自身问题的潜在能力。

2.治疗技巧

任务中心模式认为,有效的沟通行动必须具备两个要素和达到五种功能。这两个要素是有系统、有反应;沟通行为需要达到的五种功能包括探究、组织、意识水平的提升、鼓励、方向引导。

3.任务中心模式的特点

(1)清晰界定问题。包括四个方面:①服务对象知道这个问题存在;②服务对象承认这是一个问题;③服务对象愿意处理这个问题;④服务对象有能力处理这个问题,并有可能在服务以外的时间尝试独立处理这个问题。

(2)明确界定服务对象。包括两个方面:①服务对象必须是愿意承担自己的任务,并且做出承诺,愿意尝试完成任务解决问题的救助对象;②服务对象处于正常的生活状态,具有自主的能力。

(3)合理界定任务。任务中心模式强调,只有把以下三个因素融合到任务中,这样的任务才是合理可行的。这三个因素是:①服务对象的问题;②服务对象解决这个问题的能力;③服务对象的意愿。

(五)危机介入模式

1.危机介入理论

(1)危机是指一个人的正常生活受到意外危险事件的破坏而产生的身心混乱的状态。危机通常分为两类:①成长危机;②情境危机。

(2)危机发展阶段:①危机发生;②危机应对;③危机解决;④恢复期。

2.危机介入的基本原则

(1)及时处理。由于危机意外性强,造成危害性大,时间有限,需要社工及时接案,及时处理,尽量减少对服务对象及周围他人的伤害,抓住有利可改变时机。

(2)限定目标。危机介入首要目标是以危机的调适和治疗为中心,尽可能降低危机造成的危害,避免不良影响扩大,把精力集中在目前有限目标上,社工才能与服务对象协商和处理面临的危机。

(3)输入希望。因为当危机发生后,服务对象通常处于迷茫、无助、失去希望的状态,所以在危机中帮助服务对象的有效方法是给其输入新的希望,激发服务对象改变的愿望。

(4)提供支持。在处理危机过程中,社工应充分利用服务对象自身拥有的周围他人的资源,为服务对象提供必要支持,也培养服务对象的自主能力。

(5)恢复自尊。危机发生通常导致服务对象身心混乱,自尊感下降,社工着手解决危机时首先了解服务对象对自己的看法,帮助其恢复自信。

(6)培养自主能力。危机是否能够解决最终取决于服务对象是否能够增强自主能力,虽在危机中有所下降,但也不能认为其缺乏自主能力,整个危机介入过程就是社工帮助服务对象增强自主能力和克服危机的过程。

3.危机介入模式的特点

(1)迅速了解服务对象的主要问题。

(2)迅速做出危险性判断。

(3)有效稳定服务对象的情绪。

(4)积极协助服务对象解决当前问题。

(六)人本治疗模式

1.理论假设

人本治疗模式以人本主义心理学为基础,其理论假设涉及对人性的基本看法、自我概念、心理适应不良和心理适应失调等重要的基本概念。

自我概念:服务对象对自己的看法包括服务对象对自己的知觉和评价,对自己与他人关系的知觉和评价以及对环境的知觉和评价三部分。服务对象自我概念形成会受到周围他人价值标准影响。

心理适应不良和心理适应失调:当他人价值标准内化分为服务对象的内心要求时,就会使服务对象自我概念与真实经验和感受相冲突。为维护自我形象,服务对象通常借助曲解或否定方式保持自我概念与经验表面一致,这时心理状态为心理适应不良,严重的会导致心理适应失调。

2.治疗策略

创造一种有利的辅导环境让服务对象接近自己的真实需要,变成一个能够充分发挥自己潜在能力的人。

(1)能够准确领悟周围的人和事,具有基本安全感是理性的人。

(2)能够充分把握每一时刻,珍惜和享受生活,适应力强。

(3)能够依据自己真实愿望选择生活方式,并勇于承担行为的责任,忠于自己。

(4)面临众多选择,且能够体会到心理上的极大自由。

(5)积极生活在不断变化的环境中,具有丰富的创造力。

3.特点

(1)注重社会工作者自身的品格和态度。

(2)强调个案辅导关系,需要具备真诚、同感和无条件积极关怀三项充要条件,包括六个方面内容:①表里如一;②不评价;③同感;④无条件的接纳;⑤无条件的爱;⑥保持独立性。

(3)关注个案辅导过程。

(七)家庭治疗模式

1.结构式家庭治疗模式理论假设

结构式家庭治疗模式以家庭为基本的治疗单位,假设家庭的动力和组织方式与个人的问题密切相关,通过家庭动力和组织方式的改变来解决个人和家庭的问题。它的基本概念涉及四个方面:

(1)家庭系统。家庭由不同的成员组成,每个成员之间相互影响,形成一个组织化的系统。

(2)家庭结构。一是次系统,在家庭系统中存在着像夫妻亲子等更小范围的系统;二是系统之间的边界,家庭及家庭内次系统之间具有与周围分割的界限;三是角色和责任分立,每个家庭成员在家庭中占据一定位置,扮演一定角色,承担一定责任;四是权力结构,每个家庭都具有一定的权力运作方式。

(3)病态家庭结构。一是纠缠与疏离,家庭系统中各子系统之间边界不清晰就会出现纠缠与疏离的现象;二是联合对抗,当家庭成员之间出现相互冲突的现象时,有些成员会形成同盟,与其他成员对抗;三是三角缠,家庭成员之间通过第三方实现相互沟通交流,把第三方带入两人互动关系中;四是倒三角,家庭的权力并不集中在父母亲手里,而是由孩子掌握,会出现权力结构倒置现象。

(4)家庭生命周期。家庭自身有一个发展变化的周期,从两人组成家庭的形成期到增添第一个孩子进入发展期,再到家庭基本结构稳定的扩展完成期,孩子逐渐长大离开家庭之后进入收缩期,直到所有孩子离开家庭完成收缩期,最后家庭面对解体的解组期。

2.治疗技巧

(1)重演。让家庭成员实际表现相互交往冲突的过程,呈现家庭的基本结构和交往方式。

(2)集中焦点。让家庭成员注意力集中在家庭交往方式问题的关联上,避免家庭成员回避问题。

(3)感觉震撼。利用重复声调的高低和间接的语词等方法,让家庭成员明确社工谈话的内容。

（4）划清界限。帮助家庭成员分清交往边界，使家庭成员之间交往变得更有弹性。

（5）打破平衡。协助家庭成员挑战家庭病态结构，改变家庭的权力运作方式，打破原来病态家庭结构的平衡。

（6）互动方式。让成员了解相互之间的关联方式，明白自己是怎样影响其他家庭成员的，关注家庭成员之间的互动方式。

（7）协助建立合理的观察视角。运用自己专业知识和经验向家庭成员提供专业的意见和解释，协助服务对象建立合理的观察生活的视角。

（8）似是而非。通过强化问题，让家庭成员之间冲突更加明显，使原来模糊不清的错误想法显现出来，从而为家庭成员了解和改变问题背后的错误想法提供机会。

（9）强调优点。引导家庭成员关注整个家庭或个人优点，避免过分关注家庭不足。

3.结构式家庭治疗模式的特点

家庭治疗模式的实施过程包括前后相连的三个主要阶段，即进入家庭、评估和介入。这三个阶段的特点为：

（1）以家庭为焦点的工作。

（2）关注家庭功能失调的评估。

（3）强调家庭功能的恢复。三个任务为：①改变家庭成员的看法；②改善家庭结构；③改变家庭错误观念。

二 个案工作服务流程

个案工作的主要流程为：接案—预估—计划—介入—评估—结案—记录。

1.接案

（1）在接案阶段应完成的主要工作包括：

——了解服务对象的来源和接受服务的意愿；

——邀请服务对象参与并澄清其期望；

——介绍机构的职责和服务范围；

——介绍社会工作者的职责和服务方式；

——初步探索服务对象的困境和需要；

——初步收集与服务对象有关的信息；

——与服务对象建立专业关系；

——根据服务对象的需要及社会工作者自身的能力,做出接案与否的决定或转介的安排；

——填写"个案工作接案记录表",参见表4-1。

(2)在接案阶段应注意：

——判断服务对象状况的紧急程度；

——避免将服务对象标签化；

——关注服务对象的资源与优势。

2.预估

(1)在预估阶段应完成的主要工作包括：

——收集服务对象个人的生理、心理及社会等方面的资料；

——收集服务对象社会环境的微观、中观、宏观系统等资料,主要是家庭及社区信息；

——收集服务对象对自己及处境的感受、观念和期待；

——以需求为导向,与服务对象讨论其需要、困境或问题；

——以资源为导向,识别服务对象及其所处环境中的资源、优势与障碍；

——以服务为导向,与服务对象讨论选择适当的服务目标与服务内容；

——填写"个案工作预估表",参见表4-2。

(2)在预估阶段应注意：

——在界定服务对象的需要和问题的同时评估服务对象个人及环境中的资源与优势；

——动态和持续地评估服务对象的需要、问题及资源；

——重视服务对象及其重要关系人的参与。

3.计划

(1)在计划阶段应完成的主要工作包括：

——制定服务的目的与目标；

——选择介入的服务模式；

——制定具体的介入策略、行动步骤和进度安排；

——明确社会工作者和服务对象各自的任务并签订《个案工作服务协议》,参见表4-3;

——确定服务评估方法;

——填写"个案工作计划表",参见表4-4。

(2)在计划阶段应注意:

——服务对象参与,尊重服务对象意愿;

——服务对象需要、服务目标、介入模式及行动策略相互契合;

——服务计划详细、具体,具有可操作性。

4.介入

(1)直接介入。直接介入包括:

——促使服务对象的认知、情绪、行为等发生正向改变;

——促使服务对象学会运用现有资源并积极发展可用资源;

——激发服务对象的主观能动性,进行能力建设;

——促使服务对象与环境相适应;

——填写"个案工作过程记录表",参见表4-5。

(2)间接介入。间接介入包括:

——协调和链接服务对象所需要的各种资源;

——改变服务对象所处的环境;

——服务对象面临多重问题或障碍时,进行个案管理。

(3)介入要求。在介入阶段应注意:

——促进与服务对象的互动;

——对开展的服务进行实时评估,并对服务计划进行适当调整;

——依据并善用政策资源开展服务。

5.评估

(1)在评估阶段中应完成的主要工作包括:

——对服务成效进行评估,包括评估服务对象的改变、目标的实现、服务对象满意度等;

——对服务过程进行评估,包括评估过程中运用的理论、模式、方法,进度的把握和调整,工作人员的表现,对专业的反思等;

——填写"个案工作评估表",参见表4-6。

(2)在评估阶段中应注意：

——向服务对象说明评估的目的和方法；

——兼顾过程评估与成效评估；

——兼顾质性方法与定量方法；

——评估宜有服务对象参与。

6.结案

(1)在结案阶段应完成的主要工作包括：

——确定合适的结案时机；

——回顾服务过程,增强服务对象独立解决问题的能力和信心；

——巩固服务对象及其所处环境已有的改善；

——结束工作关系,妥善处理离别情绪；

——填写"个案工作结案表",参见表4-7；

——对需要转介的服务对象做好转介安排。

(2)以下情况可结束或终止提供服务：

——已达成服务目标的；

——因服务对象不愿继续接受服务而必须终止专业关系的；

——存在不能实现目标的客观和实际原因的；

——社会工作者或服务对象身份发生变化的。

(3)在结案阶段应注意：

——提前告知服务对象结案的时间,让服务对象有心理准备；

——必要时提供跟进服务。

7.记录

记录类型主要包括过程式记录、摘要式记录和问题取向记录。

(1)过程式记录应包括：

——个案工作会谈开始时的情况；

——服务对象与社会工作者彼此传递的具体事实及相关回应；

——服务对象及社会工作者在会谈过程中的感受以及会谈结束的情况。

(2)摘要式记录应包括：

——服务对象基本资料；

——服务对象来源和求助事由；

——服务对象家庭结构图;

——问题陈述,主要是服务对象或其家属对问题的看法和期待;

——服务对象的主观问题陈述,其他相关人士对问题事实的客观陈述。

(3)问题取向记录应包括:

——服务对象基本资料;

——问题叙述及相关人员对问题的预估情况;

——个案工作服务过程与结果的记录。

(4)个案工作的记录要求:

——每个阶段均应有文字记录,可采用录音、录像等作为记录的辅助手段;

——应保证记录资料的真实性、完整性和全面性;

——应注意个案记录的保密范围、例外状况等原则性规定;

——记录应及时进行归档整理,妥善保存。

表4-1 个案工作接案记录表

服务对象姓名		社会工作者姓名	
日期、时段	年 月 日 时 分 — 时 分	地 点	

服务对象来源及接受服务意愿

来源:□主动求助 □转介 □外展

说明: _____

接受服务意愿:□不愿意接受服务 □不适用 □愿意接受服务

说明: (不愿意接受服务或不适用请说明)

服务对象情况

服务对象基本信息(包括但不限于姓名、性别、年龄、联系方式等基本要素)

服务对象困境及需要

社会工作者建议

危机程度	□低 □中 □高 说明:_____
紧急服务	□需要 说明:_____ □不需要

社会工作者(签名)		日期	
督导者(签名)		日期	

表4-2　个案工作预估表

服务对象姓名		个案编号		社会工作者姓名	
一、背景资料					
（一）服务对象个人的生理、心理及社会等方面的资料					
（二）服务对象社会环境的微观、中观、宏观系统等资料					
（三）服务对象对自己及处境的感受、观念和看法					
二、服务对象问题及需要分析					
（一）以需求为导向，与服务对象讨论其需要、困境或问题					
（二）以资源为导向，识别服务对象及其所处环境中的资源、优势与障碍					
三、服务目标					
四、服务内容					
社会工作者（签名）			日期		
督导者（签名）			日期		
注：此表格请在个案工作首次接触后5个工作日内完成。					

表4-3 个案工作服务协议

甲方(委托方)：＿＿＿＿＿＿＿＿＿＿＿＿＿＿＿＿＿＿＿＿

乙方(社会工作服务机构/社会工作者)：＿＿＿＿＿＿＿＿＿＿＿＿＿

    在自愿、平等、协商一致的情况下，就甲方委托乙方提供社会工作个案服务

事项订立本协议。

第一条 服务目的

……

第二条 服务内容

……

第三条 服务监督与评估

……

第四条 附则

……

甲方(盖章/签字)：   乙方(盖章/签字)：

日期：   年   月   日   日期：   年   月   日

表4-4 个案工作计划表

服务对象姓名		个案编号		社会工作者姓名	
概述问题呈现及原因分析					
目的(与服务对象商议后制定)					
服务模式					
目标、介入策略、工作进度					
评估方法					
社会工作者(签名)		日期			
督导者(签名)		日期			

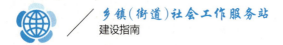
表4-5 个案工作过程记录表

服务对象姓名		社会工作者姓名	
日　　期		地　　点	
次　　数	第____次	时　　段	
服务形式			

介入目标

介入过程(概述)

介入小结

下次介入计划与建议

督导者意见

社会工作者(签名)		日期	
督导者(签名)		日期	

表4-6 个案工作评估表

服务对象姓名		个案编号		社会工作者姓名	
接案日期			结案日期		

以下内容由服务对象填写

一、您接受了社会工作者的哪些服务?

二、接受了社会工作者的服务后,您应对困难、解决问题的能力是否获得提升?

□是　　　说明:＿＿＿＿＿＿＿＿＿＿＿＿＿＿＿＿＿＿＿＿＿＿

□否

三、您对社会工作者的表现满意吗?(请在答案处打钩)

非常满意	满意	一般	不满意	非常不满意

四、自接受本机构服务后,您的情况有否改善?(请在答案处打钩)

完全没有改善　　　　　　　　　　　　　　　　　　　　完全解决

　　　　　　　1　　2　　3　　4　　5　　6　　7　　8　　9　　10

五、本服务结束之时,您与社会工作者商定的目标达成情况如何?(请在答案处打钩)

完全达成(　　)原因说明:＿＿＿＿＿＿＿＿＿＿＿＿＿＿＿＿＿＿

部分达成(　　)原因说明:＿＿＿＿＿＿＿＿＿＿＿＿＿＿＿＿＿＿

未能达成(　　)原因说明:＿＿＿＿＿＿＿＿＿＿＿＿＿＿＿＿＿＿

六、其他评价及建议

服务对象(签名)		日期	

以下内容由社会工作者填写			
一、目标达成情况(重点描述服务对象转变,如情绪改善、行为改变以及能力提升等)			
二、总结与反思			
社会工作者(签名)		日期	
以下内容由督导者填写			
对服务评价			
社会工作者表现评价			
督导者建议			
督导者(签名)		日期	

表4-7　个案工作结案表

服务对象姓名		个案编号		社会工作者姓名	
接案日期			结案日期		

介入过程及现状总结

1.服务时间跨度、服务次数、服务方式

2.服务对象的情况变化,问题解决程度

3.目前服务对象的意愿、情绪、期望等

4.社会工作者观察、总结

目标达成情况

　

结案原因

□目标达到　　　　　　　　　　　□超出服务范围

□社会工作者认为不适合继续跟进　说明:＿＿＿＿＿＿＿＿＿＿＿＿＿＿＿

□服务对象不愿意继续接受服务　　说明:＿＿＿＿＿＿＿＿＿＿＿＿＿＿＿

□其他情况　说明:＿＿＿＿＿＿＿＿＿＿＿＿＿＿＿＿＿＿＿＿＿＿＿

服务对象知道个案已结束并知道在有需要时如何得到服务　　□是　　□否

结案后回访跟进计划

　

社会工作者(签名)		日期	
服务对象(签名)		日期	
督导者(签名)		日期	

▶ 第二节　小组工作方法

　　小组工作是社会工作的基本方法之一,以具有共同需求或相近问题的群体为服务对象,经由社会工作者的策划与指导,通过小组活动过程及组员之间的互动和经验分享,帮助小组组员改善其社会功能,促进其转变和成长,以达到预防和解决有关社会问题的目标。

一 小组工作的类型

1.教育小组

　　教育小组的宗旨在于,通过帮助小组组员学习新知识、新方法,或补充相关知识,促使成员改变其原来对于自身问题的不正确看法及解决方式,从而增进小组组员适应社会(生活)的知识和技能。教育小组在工作过程中,首先,要帮助小组组员认识到自我存在的问题并有自我解决问题的需要;其次,促使小组组员能够确立新观念、新视野,从而改变看问题的角度;最后,开展干预服务,减少小组组员的问题行为特征,以达到改变自我的目的。在开展教育小组工作时,社会工作者除要重视组员的自助外,也应重视组员间的互助,鼓励小组组员通过讨论与互相学习来改变和增强组员的态度和能力,如家长技能训练小组、农村妇女手工艺培训小组等。

2.成长小组

　　成长小组大多运用于各类学生及边缘群体的辅导工作。成长小组的工作旨在帮助组员了解、认识和探索自己,从而最大限度地启动和运用自己的内在资源及外在资源,充分发挥自身的潜能,解决所存在的问题并促进个人正常健康地发展。成长小组的焦点在于个人的成长和正向改变。在社会工作者看来,每个人的人生都有一定的逆境,也具有不断发展的潜能。小组成员所处的逆境是一种挑战性机会,在逆境中发展自身的潜能和提升自我的过程就是成长过程。因此,成长小组关注小组组员本身的成长,强调通过小组过程使小组组员增加敏感度,增强自我觉察的意识,发挥潜能和实现自我。成长小组的典型是近年来针对不同人群的需要而开展的"体验小组",如大学生成长小组、青少年野外拓展训练营。

3.支持小组

支持小组一般是由具有某一共同性问题的小组成员组成的。通过小组组员彼此之间提供的信息、建议、鼓励和感情上支持,达到解决某一问题和成员改变的效果。在支持小组中,最重要的是小组组员的关系建构、相互交流和相互支持。社会工作的任务是,指导和协助小组组员讨论自己生命中的重要事件,表达经历这些事件时的情绪感受,建立起能够互相理解的共同体关系,达到相互支持的目的。因此,支持小组要充分发挥小组组员的自主性,鼓励成员分享经验并协助解决彼此的问题。在我国社会工作实务中,支持小组近年来发展很快,如"单亲家庭自强小组"、"癌症患者小组"、针对吸毒人员的"同伴治疗小组"等。需要注意的是,支持小组的动力源于小组组员的需求本身,社会工作者在小组形成以后一般处于"边缘化"的位置,扮演的只是推动者和协助者的角色。更有极端的学者认为,大多数支持小组属于自助类的,故社会工作者在小组建成后一般不必介入该小组的发展过程。

4.治疗小组

治疗小组的组员,一般来自那些不适应社会环境或其社会关系网络断裂破损而导致其行为出现问题的人群。治疗小组对社会工作者的素质要求比较高,不仅要求工作者具备扎实的社会工作理论和娴熟的实务技能,还要具备一定的心理学、医学等方面的学术训练和临床经验。社会工作者在治疗小组中的角色是通过小组工作的活动过程,帮助小组组员了解自己的问题及其背后的社会原因,利用小组的经验交流和分享,辅以一定的资源整合或社会支持网络,以达到对小组组员的心理和社会行为问题的治疗,从而改变小组组员的行为,重塑其人格,开发其潜能,促进其成为健康、健全的社会人。例如,为吸毒人员提供服务的"美沙酮治疗小组",为社区矫正对象开展的"星星点灯小组",以及针对家庭暴力受害者开展的治疗小组等,均属于这一类治疗小组。

(二) 小组工作的模式

工作模式是工作目标、实施原则和方式方法等的一种整合性框架。

在小组工作实务中,不同类型的小组往往采用特定的工作模式,也可以某一模式为主、其他模式为辅开展小组工作。常用的小组工作模式主要有以下四种:社会目标模式、治疗模式、交互模式以及发展模式。

(一)社会目标模式

社会目标模式是最早的小组工作模式之一。社会目标模式主要用于社区发展的项目或领域。其注重的是社会责任和社会变迁,强调培养公民的社会责任、社会参与和社会行动。社会目标模式较为符合社会工作追求社会公正和社会关怀的理想,将个人的问题与其所处的社会环境和社会结构(社会制度)联系起来,强调个人问题的解决与社会结构问题的解决的关联。所以,社会目标模式非常注重公民参与解决问题。通过促进民主参与,社会工作的价值追求才能得到充分的实现。

1.理论基础

社会目标模式的理论基础主要源于社会学与系统论。系统论视人类社会、社区就是一个一个的系统,每个系统内部的要素之间都是耦合在一起的,并且彼此相互作用、相互影响。社会学关注的则就是社会与个人、群体与个人的关系,社会转型、社会变迁与社会行动。因此,小组工作的社会目标模式的假设前提在于,小组就是一个具有共同发展目标的共同体,组员与小组之间、组员与组员之间的互动具有改变与发展的积极功能,通过小组的活动可以培养组员的社会责任、社会意识,提升他们的社会参与、社会行动与自我发展的能力。

2.实施原则

总体而言,社会目标模式下的小组工作,大都结合社区发展的一些项目或活动来举行,以谋求社区居民与整个社区的发展,强调小组组员的社会责任、社会参与及社会行动能力的培养。为了实现这一目标,社会工作者在开展小组工作实践中,自始至终都要强调与贯彻以下几点原则性的工作意识。

(1)致力培养并提升小组组员的社会意识与社会责任。每个小组的组员都具有社会参与的动力与潜能,关键就是通过小组与组员及组员之间的互动来激发这种动力与潜能,从而提升其社会意识与社会责任;特别关注与吸引弱势群体成员参加小组活动,特别关注提升弱势群体成员的社会意识、社会责任与社会参与能力。

(2)致力发展小组组员的自我发展能力、社会参与及社会行动能力，特别是他们建立与扩大社会资本、整合社会资源、参与和改变社会环境的能力。

(3)致力通过小组领袖的培养，培育有利于社区各方面发展所需的领袖人物，提升他们推动社区与社会变迁的意识与能力，特别是规划与执行社区发展项目、影响社会政策改变的能力。

(4)致力小组工作目标与社区发展目标的一致性，特别是要针对社区的需求问题，吸引与选择合适的社区成员参加小组活动，并结合上述需求与问题，制定小组工作目标，设计活动项目。

3.社工角色

社会目标模式将社会工作者视为富有影响力的人，负责培养小组组员的社会意识，并希望借助其工作，在小组中孕育出一种新的价值体系。社会工作者凭借自身的社会责任感，鼓励、引导小组组员发生改变，并且组织、策划小组组员的集体行动，以达到影响社会变迁的效果。

(二)治疗模式

作为小组工作的一个传统模式，治疗模式就是精神医学、心理学与社会学的结合及运用，旨在治疗与解决个人的社会问题，改变个人的社会行为。

1.理论基础

治疗模式的理论基础源于精神医学与心理学，如行为修正理论、学习理论等。此后，社会学的社会化与再社会化理论对治疗模式的影响也日渐深入。治疗模式关注小组组员的心理与行为问题，认为这些心理与行为问题并不是简单的个人问题，而主要在于社会关系的失调。因此，强调通过小组活动来解决组员的社会化缺陷，重建其社会关系网络，恢复与发展其社会功能。其假设前提在于：个人的社会关系与社会适应方面的问题可以通过小组工作的方式得到治疗与康复，改变有问题、有缺陷的行为方式，习得适应社会生活的经验，由此获得自我发展，改变适应能力不足的问题，恢复与发展其社会功能，更好地融入社会生活。

2.实施原则

治疗模式下的小组工作，其对象通常是有较严重情绪问题、行为障碍、人格问题、精神异常或有社会偏差行为的人，工作的目标就是通过治疗帮助组员在心理、社会与文化适应方面得到康复、发展与完善,并预防对个人造成不良影响的消极因素的出现。因此,组员在小组活动中主要获得矫治性的治疗,并通过这种治疗获得发展性与预防性的帮助。社会工作在开展小组工作实践时,必须坚持与实施以下原则:

(1)综合性原则,即综合运用精神病学、心理学、社会学与临床社会工作的知识与实务技巧,明确治疗的方向,设计与实践小组治疗计划并控制小组的发展。

(2)建构性原则,即带领小组组员建构与发展社会性的治疗关系,以替代原来的、有缺陷的社会关系网络,并运用各种治疗方法,帮助小组组员学习新的行为,适应新的社会关系网络。

(3)个别性与共同性相结合的原则,即设定每一个组员的个别性治疗计划,同时通过对所有小组组员个别性问题的综合分析,寻找小组共同成长的目标,实施整体性的小组治疗计划。

3.社工角色

社会工作者在该模式中的地位就是权威的专家,通过运用专业知识与技巧,去诊断个人需要,安排治疗计划,并控制小组的发展进程。社会工作者也像一位家长或导师,引导并协助小组组员的互动,促成组员的行为发生实际的改变,并及时给予鼓励与支持。

(三)交互模式

交互模式就是基于人与环境和人与人之间的关系而建立的一种小组模式,旨在通过组员之间、组员与小组及社会环境之间、小组与社会环境的互动关系,促使组员在小组这个共同体的相互依存中得到成长,增强组员的社会功能,提升其发展能力。

1.理论基础

交互模式的理论基础主要源于发展心理学、社会关系与社会结构理论、小组动力学理论。该模式的假设前提在于:个人与个人之间、个人与社会系统之间存在相互依赖的关系;小组就是个人恢复与发展社会功能的有效场所;社会工作者通过组织小组活动及组员之间的互动,可以发掘组员的自身潜能,增加他们社会交往与社会生活的信心、知识与能力。

2.实施原则

交互模式下的小组工作,焦点在于互动关系及其效果,其服务对象没有固定的概念,既可以是青少年群体、老年人群体、"残疾人"群体、学生群体、白领阶层、进城务工人员(农民工)等,也可以是那些有缺陷、有"问题"的社会弱势群体或"边缘"群体。只要是有需要的人,都可以参加特定的小组。社会工作者在开展小组工作实践时,应坚持实施与贯彻以下工作原则:

(1)开放性的互动。交互模式下的小组目标就是促使组员之间、组员与小组及社会系统之间达到开放,实现良性的互动。应该运用催化、刺激、示范、提供咨询、反映、质疑与开放讨论等方法与技巧,来促进小组互动频率的加快与小组互动质量的提高。因此,小组的目标焦点既在个人,也在环境,更在个人、小组、环境等之间的开放与互动。

(2)平等性的互动。交互模式要求组员在小组中形成平等的关系,通过与其他组员的沟通、理解、互动达成共识,共同实现小组的目标并由此获得个人的发展。该模式强调小组组员间的平等及个体独立性。

(3)"面对面"的互动。组员之间密切的互动关系,就是小组存在与发展的动力。作为小组的指导者与协调者,社会工作者尤其要促使组员之间"面对面"澄清其苦恼的问题,期待解决的需求,认清其在小组中扮演的角色。同时,通过这种面对面的沟通、协商、讨论,促使组员寻找小组的共同需求,挖掘小组的正向动力,主动思考与解决问题,整合社会资源,实现组员个人及小组的发展目标。

3.社工角色

在这一模式中,社会工作者不负责设计方案,不设法控制小组的运作,他不是要为小组组员做什么,而是与组员一起做。小组的形成与维持由小组组员互动的结果而定,组员分享对小组的责任。此外,社会工作者充当组员与小组以及小组与机构间的协调者。也正是在这个意义上,该模式也被称为"居间模式"。

(四)发展模式

发展模式是较晚发展起来的一种小组工作模式,旨在解决与预防服务对象社会功能的衰减问题,恢复与发展服务对象的社会功能。这一模式的应用范围极其广泛,如各种困难人群、面临危机的人群以及寻求更

大自我发展的人群等。

1.理论基础

发展模式的理论基础主要源于发展心理学、社会发展理论、社会关系与社会结构理论以及小组动力学。发展模式强调以人的发展为核心，关注人的社会功能的提升。发展模式关注的焦点在于小组组员的社会功能而不是有关生理与病理方面的因素，重视的是组员个人潜力的发掘与发挥而不是治疗性辅导。发展模式的假设前提是：人有潜力做到自我意识、自我评价与自我实现；能够意识到他人的价值，评价他人，并与他人形成互动；能够意识到小组的情境，评估小组的情境，并在小组中采取行动。

2.实施原则

发展模式下的小组工作，特点就是鼓励组员积极参与小组活动，积极表达自己并找出小组共同的兴趣与目标，形成积极的小组互助关系，促进组员与小组的共同成长。为此，社会工作者在开展小组工作实践时，应坚持与贯彻以下两大原则：

(1)积极参与原则，即要协调与鼓励组员在小组活动中，主动表达自己的困境或者发展的建议，积极分享与学习自我发展的经验。

(2)"使能者"原则，即要支持、帮助小组组员通过各种活动，相互关心、相互帮助与相互分享，发展认知，激发潜能，提升组员寻求解决问题的办法，整合社会资源及自我发展能力。

3.社工角色

发展模式强调时间、过程与小组发展阶段，以及小组组员与发展的关系。在该模式中，社会工作者的职责就是根据小组发展阶段的特点指导小组工作；不断地根据新的情况修正小组的目标，理解小组组员与小组的关系，并及时提出各种意见与建议，以达成提升小组组员社会功能的目的。

三 小组工作的过程

1.小组筹备期

(1)在小组筹备期应完成的主要工作包括：

——收集服务对象的相关资料；

——准确评估服务对象的需求;

——确定小组工作的总目标和具体目标;

——确定小组的性质和内容;

——确定小组类型、规模、时间和场所;

——填写"小组工作计划表"(表4-8)和"小组工作单元(小节)计划表"(表4-9);

——招募与筛选组员;

——准备小组工作过程中所需的人、财、物等资源。

(2)在小组筹备期应注意:

——小组目标明确、可操作、可测量和评估;

——选择符合小组性质的活动场所;

——设计符合组员特征的小组活动;

——小组工作各单元(节)间目标具有内在逻辑性;

——小组工作各单元(节)内目标、内容、活动具有内在逻辑性。

2. 小组形成期

(1)在小组形成期应完成的主要工作包括:

——协助组员彼此认识;

——澄清小组目标和组员目标;

——建立安全、信任的关系;

——形成小组规范,签订小组契约;

——协助组员初步建立小组凝聚力和归属感;

——填写"小组工作过程记录表",参见表4-10。

(2)小组形成期应注意:

——明确在小组中所处的中心位置;

——注重真诚、尊重和接纳;

——强调联结者和示范者的角色。

3. 小组转折期

(1)在小组转折期应完成的主要工作包括:

——关注特殊组员;

——处理防卫、抗拒行为;

——协调和处理冲突;

——进一步促进小组动力的形成；

——填写"小组工作过程记录表"。

(2)小组转折期应注意：

——鼓励组员真实地表达自己；

——注重公平、真诚、开放、非评判；

——强调协调者的角色。

4.小组成熟期

(1)在小组成熟期应完成的主要工作包括：

——协助组员维持小组的良好互动；

——协助组员从小组经验中认知重建；

——协助组员把领悟转化为行动,鼓励组员尝试新的行为；

——鼓励组员互助互惠,协助组员解决问题；

——引导组员促进目标的达成；

——填写"小组工作过程记录表"。

(2)小组成熟期应注意：

——明确在小组中主要处于边缘位置；

——注重支持、鼓励、关怀；

——强调促进者、支持者、资源链接者的角色。

5.小组结束期

(1)在小组结束期应完成的主要工作包括：

——处理组员的离别情绪；

——协助组员巩固小组经验并运用于实际生活中；

——小组评估；

——处理遗留工作；

——安排跟进工作；

——填写"小组工作过程记录表"；

——撰写《小组工作评估总结报告》,参见表4-11。

(2)小组结束期应注意：

——明确回归小组中心的位置；

——注重肯定、鼓励、祝愿；

——强调评估者的角色。

表4-8　小组工作计划表

<table>
<tr><td rowspan="6">基本信息</td><td>小组名称</td><td></td><td>编　号</td><td></td></tr>
<tr><td>服务对象</td><td></td><td>服务人数</td><td></td></tr>
<tr><td>日期/时间</td><td></td><td>地　点</td><td></td></tr>
<tr><td>小组性质</td><td colspan="3"></td></tr>
<tr><td>人员安排</td><td></td><td>单元(节)数</td><td>共＿＿单元(节)</td></tr>
<tr><td rowspan="1">背景</td><td colspan="3">1.需求调查
2.问题分析
3.政策依据
4.服务方向</td></tr>
<tr><td>理论依据</td><td colspan="3">(阐述在小组服务中,运用了什么理论,以及理论在小组服务中是如何发挥作用的)</td></tr>
<tr><td>小组目标</td><td colspan="3"></td></tr>
<tr><td>招募方法</td><td colspan="3"></td></tr>
</table>

续表

各单元（节）小组设计大纲	单元（节）次	单元（节）名称	单元（节）目标	主要活动内容	时间配置	人力
	1					
	2					
	3					
	...					

预计困难与解决方法	

小组评估	（评估主体、评估对象、评估内容、评估方式等）

财务预算（元）	序号	项目	单价	数量	小计	经费来源
	1					
	2					
	3					
	...					
	申请经费总计			备注：在"经费来源"一栏请填写相应代码：A.机构；B.用人单位；C.其他（请说明）		

审批签署	社会工作者（签名）		日期	
	督导者（签名）		日期	
	中心/项目负责人（签名）		日期	

表4-9 小组工作单元(小节)计划表

<table>
<tr><td rowspan="3">基本信息</td><td>小组名称</td><td></td><td>编号</td><td></td></tr>
<tr><td>单元(节)数</td><td>第____单元(节)</td><td>本单元(节)主题</td><td></td></tr>
<tr><td>日期/时间</td><td></td><td>地点</td><td></td></tr>
<tr><td>目标</td><td colspan="4"></td></tr>
</table>

流程	时长	名称	目标	内容及具体操作方式	所需物资	工作人员

<table>
<tr><td>预计困难与解决办法</td><td colspan="6"></td></tr>
<tr><td>督导意见</td><td colspan="6"></td></tr>
<tr><td rowspan="2">签名</td><td>社会工作者(签名)</td><td></td><td>日期</td><td></td></tr>
<tr><td>督导者(签名)</td><td></td><td>日期</td><td></td></tr>
</table>

表4-10 小组工作过程记录表

<table>
<tr><td rowspan="6">基本信息</td><td>小组名称</td><td></td><td>编 号</td><td></td></tr>
<tr><td>日期/时间</td><td></td><td>地 点</td><td></td></tr>
<tr><td>社会工作者姓名</td><td></td><td>协助人员</td><td></td></tr>
<tr><td>出席人数</td><td></td><td>单元(节)数</td><td>第____单元(节)</td></tr>
<tr><td>小组性质</td><td colspan="3"></td></tr>
</table>

<table>
<tr><td rowspan="5">过程记录</td><td>时间段及环节</td><td>目的</td><td>过程分析</td></tr>
<tr><td></td><td></td><td></td></tr>
<tr><td></td><td></td><td></td></tr>
<tr><td></td><td></td><td></td></tr>
<tr><td></td><td></td><td></td></tr>
</table>

<table>
<tr><td rowspan="2">小组成员反馈</td><td>(可采用问卷等多种方法)</td></tr>
<tr><td>

</td></tr>
</table>

<table>
<tr><td rowspan="2">小组分析</td><td>(包括小组沟通模式、气氛、规范、凝聚力、组员领导模式、决策、冲突等;小组活动内容、方式等;小组组员的参与、投入和其他表现等;工作人员态度、投入和专业性表现等)</td></tr>
<tr><td>

</td></tr>
</table>

续表

目标达成情况	
工作反思	(可从价值观、理论及技巧等方面进行专业反思)
下单元(节)跟进	[在下一单元(节)中需要发扬或利用哪些优势,注意解决或跟进哪些问题,以及在专业价值观、理论、方法技巧、工作内容等方面做出哪些调整,在此处应予以简短说明;如果是最后一单元(节),此部分可省略]
督导意见	

签名	社会工作者(签名)		日期	
	督导者(签名)		日期	

表4-11　小组工作评估总结报告

<table>
<tr><td rowspan="5">基本信息</td><td>小组名称</td><td></td><td>编　号</td><td></td></tr>
<tr><td>服务对象</td><td></td><td>服务人数</td><td></td></tr>
<tr><td>聚会地点</td><td></td><td>社会工作者姓名</td><td></td></tr>
<tr><td>时　间</td><td></td><td>单元(节)数</td><td>共＿＿单元(节)</td></tr>
<tr><td>小组性质</td><td colspan="3"></td></tr>
</table>

出席情况	单元(节)数	1	2	3	4	5	6	7	8	9	…	平均值
	出席人数											
	出席率											

目标达成情况	
参加者满意度分析	(请根据小组满意度调查表总结此栏内容,需包含对活动内容/形式、时间、频次、地点、工作人员态度/能力、自我参与程度等的满意程度)
小组分析	[包括小组沟通模式、气氛、规范、凝聚力、组员领导模式、决策、冲突等;小组活动内容、方式等;小组组员的参与、投入和其他表现等;工作人员态度、投入和专业性表现等;工作人员(或者小组)所在的机构的人、财、物的投入等各种表现]

续表

其他建议	(如筹备策划、人员分工、资源动员与科学合理使用、专业性、本土化、知识建构、内容设计或其他方面的情况及建议等,请在此栏填写)
工作反思	(可从价值观、知识及技巧等方面进行专业反思)
跟进计划	(追踪评估计划)
财务报告	预算经费总计: 元 使用经费总计: 元 盈余/超支总计: 元 (附经费决算明细表)
督导意见	

结束签署	社会工作者(签名)		日期	
	督导者(签名)		日期	
	中心/项目负责人(签名)		日期	

注:请将评估工具(如评估问卷、评估量表、访谈提纲等)附后。

第三节　社区工作方法

一 社区工作的内涵、特点和目标

(一)社区工作内涵

社区工作是社会工作的三大直接工作方法之一,要全面地理解社区工作,不能仅仅把它看作一种服务,更要强调它是一种方法。

社区工作在概念上是复杂多样的,现存文献中有多种对社区工作的界定,综合来说,社区工作是以社区为对象的社会工作介入手法,它通过组织社区成员参与集体行动去界定社区需要合力解决的社区问题,改善居民生活环境及生活质量。在参与的过程中,让社区成员建立对社区的归属感,培养自主互助与自觉的精神,加强他们在社区参与及影响决策方面的能力和意识,发挥每个成员潜能以形成更有能力、更和谐的社区。

(二)社区工作特点

作为一种工作方法,社区工作与个案工作及小组工作相比有其独特性,具体表现在以下几个方面。

1.分析问题的视角更加趋于结构取向

社区工作认为问题的产生并不完全是个人自身的原因,而是与社区周围的环境、社会制度及整个社会密切相关。因此,社会工作者需要重点考虑社区环境及制度如何影响人的社会功能,如何限制人的能力,它的视角是结构取向的,而非个人取向的。比如社区中下岗工人就业问题,根据一些研究报告的结论,社会工作者认识到,虽然下岗工人自身存在教育水平低、职业技术能力差等问题,但下岗工人群体的出现,更重要的原因是与国家关于国有企业的改革政策有关,部分国有企业的"关、停、并、转"等政策会使部分国企职工下岗。

2.介入问题的层面更为宏观

社区工作方法认为,解决问题的责任不应完全放在个人身上,政府、社区均有责任提供资源,以协助问题的处理和解决。因此,社区工作较多涉及社会政策分析和社会相应政策的改变,注重资源和权力分配的公正。在社会工作者看来,对于下岗问题的存在,国家和政府是有一定责任的,当地政府部门应该为下岗人员提供技术培训,提供就业机会,甚至购买就业岗位,让他们顺利实现再就业。

3.具有政治性

社区工作的内容会涉及政治范畴,因为从广义上来看,凡关系到资源和权利的分配都可视为政治。因此,与个案工作和小组工作相比,社区工作的内容较具政治性的特点。社区社会工作者更关心社区居民,尤其是困难群体权利的维护,更多时候会采取多种行动为社区居民争取合理的资源分配。

4.富有批判和反思精神

社区工作善于从社会结构、社会政策制度和资源分配的角度分析和处理社区居民问题,加上社会工作专业本身的特点就是关注困难群体被忽视的权利,所以社区工作总是试图从根本上找出问题的症结,进而引发对现存制度、结构和政策的反思。

(三)社区工作目标

1.社区工作目标的分类

了解社区工作的目标可以对社区工作的意义形成更深刻的认识。美国著名社区工作专家罗斯曼将社区工作的目标分解为任务目标和过程目标。

(1)任务目标。所谓任务目标,是指解决一些特定的社会问题,包括完成一项具体的工作,满足社区需求且达到一定的社会福利目标等,如修桥铺路、安置无家可归者、解决社区环境污染问题等,这些活动所带来的改善是具体而实在的。

(2)过程目标。所谓过程目标,是指促进社区居民的一般能力,如加强社区居民对公民权利和义务的了解,增强居民解决社区问题的能力、信心和技巧,发现和培育社区居民骨干参与社区事务,建立社区内不同群体的合作关系等。

2.社区工作的具体目标

(1)推动社区居民参与。社会工作者相信社区居民有能力解决影响其生活的各种问题,现在只是缺乏一些知识和技巧,因此鼓励居民参与既有助于问题的解决,也有利于居民自我成长。社会工作者在推动居民参与集体行动的过程中,不断发现和挖掘居民的潜能,加强居民的领导能力,促进其自立和自决能力的提高。与此同时,从更深层面上来说,社区意识和居民对社区的归属感也会在参与过程中有所增强。

(2)增强社区居民的社会意识。社区工作的一个重要任务是让社区居民认识到反映和表达自己的意见是其拥有的权利,而个人也有责任去履行公民的义务,关心社区问题,改善社区关系,使社区资源和权利能够平等分配。社会工作者也要提醒居民应认清个人存在问题的本质,强调这些问题并不完全是个人问题,而是与整个社会的政治、经济、文化及制度有关。

(3)善用社区资源,满足社区需求。社区工作的一个主要目标是使社区资源能有效地回应社区需求。这一方面能使资源得到充分利用,避免重复和浪费;另一方面使社区居民能够尽快得到有效服务,并不断改善和提高服务质量。在政策方面,社区工作强调政策规划、分析和改变的过程,以满足社区需要为基本前提。

(4)培养相互关怀和社区照顾的美德。社区工作可以促进社会的相互关怀,达到社区照顾的目的。社区居民通过彼此的交往,体会互相帮助及群策群力的重要性,有利于减少现代社会所产生的"疏离感"。

二 社区工作的模式

(一)地区发展模式

地区发展模式是社会工作者协助社区成员分析问题,发挥其自主性的工作过程,目的是提高他们及地区团体对社区的认同,鼓励他们通过自助和互助解决社区问题。

1.地区发展模式的特点

(1)较多关注社区共同性问题。共同性问题是指对社区中绝大部分居民的生活造成影响的问题。

(2)注意通过建立社区自主能力来实现社区的重新整合。

(3)过程目标的地位和重要性超过任务目标。任务目标是完成实际工作或解决一些特定的社区问题;过程目标是指通过社会工作过程希望达到的目标。当然,重视过程目标并不等于排除任务目标,两方面的目标是相辅相成且互相促进的。

(4)特别重视居民的参与。居民是组成社区的主要分子,是社会工作者的工作对象或服务对象。居民的参与是应对和解决社会问题的一种方法。

2.地区发展模式所采用的策略

其主要集中于推动社区成员的参与和互助合作,改善沟通和合作的渠道,更好地运用地区资源,解决现存的社区问题。主要策略有以下几个方面:

(1)促进居民的个人发展。通过一些有目的性的活动,让居民相互沟通、熟悉、交往,并让部分有积极性的居民承担一些任务,或参与活动的策划或管理,以增强居民处理事务的能力和责任感。

(2)团结邻里。社会工作者一般会组织多元化的活动鼓励居民参与,推动建立社区归属感和认同感。

(3)社区教育。主要解决的是居民对社区资源不熟悉、社区认同感不强的问题。

(4)提供服务和发展资源。主要针对的是社区服务和社区资源缺乏的问题。

(5)社区参与。主要是处理社区面对的部分共同问题。

3.地区发展模式中社会工作者的角色

由于地区发展模式注重居民参与,并强调参与者的自立、自助和成长。因此,社会工作者主要扮演的角色如下:

(1)使能者。协助居民表达对社区问题的诉求和意见,鼓励和协助居民组织起来,帮助他们建立良好的沟通渠道及人际关系,促进共同目标的产生,促成共同目标的实现。

(2)教育者。社会工作者要通过培训,帮助居民掌握解决问题的技巧和组织技巧,培养他们积极参与和自助互助的精神。

(3)中介者。协调各方面的社区团体和个人,促进他们之间的沟通和合作,调动社区资源,解决社区的问题。

(二)社会策划模式

社会策划模式是在了解社区问题的基础上,依靠专家的意见和知识,通过理性、客观和系统化的分析,对解决社区问题的过程和方法进行计划的工作模式。

1.社会策划模式的特点

(1)注重任务目标的实现。社会策划模式所关注的社区存在着多重问题。它以解决实质社会问题为主要工作取向。

(2)强调运用理性原则处理问题。一方面强调过程的理性化,一方面强调运用科学方法。

(3)注重由上而下的改变。社会工作者扮演专家的角色,运用知识、科学的决策能力及其权威,推动其策划改变。

(4)指向社区未来变化。其目的是尽量降低将来的不稳定性及变化无常程度。

2.社会策划模式的实施策略

其主要是完整地执行一个策划的过程,具体步骤如下:

(1)了解组织的使命和目标;

(2)分析环境和形势;

(3)自我评估;

(4)界定和分析问题;

(5)确定需要;

(6)确定目标和达成目标的标准;

(7)寻找、比较并选择好的方案;

(8)测试方案;

(9)执行方案;

(10)评估结果。

3.社会策划模式中社会工作者的角色

(1)技术专家。

(2)方案实施者。

(三)社区照顾模式

社区照顾模式是社会工作者动员社区资源,运用非正规支援网络,联合正规服务所提供的支援服务与设施,让有需要照顾的人士在家里或社区中得到照顾,过正常的生活。

1.社区照顾模式的特点

(1)协助服务对象正常地融入社区。

(2)强调社区责任。

(3)非正规照顾是重要因素。

(4)提倡建立相互关怀的社区。

2.社区照顾模式的实施策略

(1)在社区照顾,是指将一些服务对象留在社区内并向其提供服务。可以采取以下形式:一是照顾者迁回他们熟悉的社区中的家庭里生活,并辅以社区支援性服务;二是将社区内的大型机构改造为更接近社区的小型机构;三是将远离市区的大型机构迁回社区内,使服务对象有机会接触社区。

(2)由社区照顾,是指由家庭、亲友、邻里、志愿者等所提供的照顾和服务。其重点是积极协助弱势群体和有需要人士在社区中重新建立支持网络:一是提供直接服务的网络;二是服务对象自身的互助网络;三是社区紧急支援网络。

(3)对社区照顾,着重是指社区照顾过程中的支援性社区服务辅助。

3.社会工作者在社区照顾中的角色

(1)治疗者。

(2)辅导者和教育者。

(3)经纪人。

(4)倡议者。

(5)顾问。

第五章

乡镇(街道)社工站基本服务流程

乡镇(街道)社工站的基本服务流程包括社区分析、关系建立、资料搜集、计划制定、工作推进与成效评估六个核心环节。鉴于社区分析与资料搜集环节均是针对社区及社区居民的情况进行了解与调查,因此,本章将这两个流程合并来介绍,即分别介绍社区调查分析、关系建立、计划制定、工作推进与成效评估五个环节。

▶ 第一节　社区调查分析

社区是社工站的工作对象与工作环境,社工站开展服务的首要环节是对社区的要素、特征、功能等进行初步分析,以对社区能有大体的了解。社会工作者与社区居民及社区组织建立关系以后,还需对社区及社区居民情况进行详细的资料搜集工作。社工站工作的开展是建立在社会工作者对社区的精准认知与理解基础之上的,社区分析与社区资料搜集可统称为"社区调查分析"。

一 社区调查分析的主要内容

1.社区历史与现状概况

社会工作者首先应大体了解社区历史发展沿革,比如社区的历史可追溯的年代,社区设立于何时,社区曾经历的变迁与发展等。此外,社会工作者还应对社区的基本现状有清楚地把握,比如社区的边界范围、社区的行政划分、社区的地理位置、社区的自然条件、社区的贫富情况、社区的发达程度、社区的土地性质及其各自的比重与用途、社区的住宅性质等,这些均是社工站工作具体开展的前提与依据。

2.社区基础设施

社区基础设施是影响社区居民生产生活及彼此互动的基础。社会工作者应通过详细的社区调查数据来了解社区的基础设施状况,主要包括以下几方面:

(1)社区交通设施,比如:社区的道路情况如何？社区的公共交通配套如何？

(2)社区照明设施,比如:社区的公共照明是否充足？分布是否合理？公共照明设施是否有所损坏？维护情况如何？

(3)社区水电设施,比如:社区是否有直接入户的供水、供电、供气系统？社区的水电气供应是否充足和连贯？社区居民的水电气使用的安全性如何？社区是否有非法连接电线？社区水质状况如何？是否有居民使用受污染的水源？

(4)社区排水设施,比如:社区下水道是否易堵塞或外溢？社区道路到雨季是否容易积水？如果是的话,原因可能是什么？

(5)社区卫生设施,比如:社区的公共厕所分布如何？公共厕所的卫生状况如何？社区的垃圾收集与清理如何？社区垃圾是否分类回收？

(6)社区邮政设施,比如:社区是否有逐户的邮政传递设施？如果没有,社区居民的邮件如何处理？社区是否有快递柜等设施？如果有,其维护情况如何？

(7)社区娱乐设施,比如:针对社区不同群体,如老年人、儿童等,是否有足够的公园、游乐场及其他娱乐空间？相关的装备和设施是否充足？相关设施是否维护良好？是否可能具有安全隐患？

(8)社区商业设施,比如:针对社区居民的日常生活的基本需求,社区是否配套相应的各类商业设施？其运转情况如何？是否能够满足居民的需求？

3.社区居民

社区居民是社区活动与社区发展的主体,也是社区社会工作的对象,社区居民的基本状况亦是社会工作者开展社区调查研究所必须详细搜集的资料,具体包括以下几类:

(1)社区居民的基本社会人口学信息,比如:社区人口规模,社区人口性别、年龄段、户籍等方面的比例与分布状况,社区流动人口的状况,社区人口的民族、宗教背景情况。

(2)社区居民的家庭基本状况,比如:家庭的规模,家庭的类型,独居、失独、贫困等特殊家庭的情况,家庭居住是否存在过度拥挤的状况,卫生间等基本设施是否齐全。

(3)社区居民的就业状况,比如:社区居民的职业分布情况,社区失业人数及其原因,"双失"家庭的数量。

(4)社区居民的价值观与传统习俗,社会工作者应理解社区居民的传统习俗与价值观,以避免在后期的工作中做出违背居民传统的举动,而导致社会工作者不被居民认同与接纳。此外,社区居民的价值观也是社区活动开展或者社区行动的重要依据。

(5)社区居民的互动和参与,比如:社区居民之间日常的互动频率、彼此间的主要互动方式,社区居民对于社区活动的参与度情况。

(6)社区居民的态度,比如:社区居民是如何看待其所生活的社区的,他们认为社区的优点与缺点分别是什么,社区居民对于社区参与的态度和认知,社区居民是如何看待社区服务机构的,社区居民对于社会工作者的印象与态度。

(7)社区居民的需求,比如:社区居民的普遍诉求有哪些,不同类型遭遇特殊困难的居民(老年人、残疾人、困境儿童、贫困者等)各自的需求是什么。

4.社区组织

社区组织是社区活动开展与社区服务供给的载体,各类社区组织也是社会工作者进行社区调查分析的重要内容。社区组织包括正式组织与非正式组织两类。

(1)社区正式组织,包括社区内的政府机构、非政府组织、政党与宗教团体、社会服务机构等,具体分析这些组织的性质、功能,以及彼此之间的关系及其所能提供的社区资源。

(2)社区非正式组织,社区非正式组织的结构提供了社区生活中错综复杂但更为有效的沟通渠道,比如社区老年人健身队、社区家庭主妇、社区棋牌室活动者等均是社区非正式组织的表现形式,社会工作者应具体了解社区的非正式组织的参与者、互动和活动方式及其对社区沟通的影响。

5.社区服务

社区服务的供给是满足社区居民需求、体现社区的本质功能属性的重要形式。社区服务的供给状态亦是社区调查分析的重要内容,社会工作者可结合社区实际情况,具体分析以下几方面:

(1)社区服务的主体,比如:提供社区服务的各类组织有哪些,是公办的还是民办的,其运营状况如何。

(2)社区服务的性质,比如:各类社区服务是否收费,是否以营利为目标。

(3)社区服务的对象,比如:各类社区服务的重点服务对象有哪些,针对服务对象有没有进行类型化划分,针对服务对象的覆盖率怎样,服务对象的满意度如何。

(4)社区服务的内容,比如:社区生活服务、社区教育服务、社区健康服务、社区心理服务以及其他法定或志愿性质的服务等具体开展实施情况。

6.社区可能存在的问题

应对与解决社区问题是社区社会工作开展的中心任务。在社区调查分析阶段,社会工作者应针对社区所存在的问题进行初步分析,为后续的工作做铺垫。社会工作者可以初步分析:社区存在哪些问题,这些问题的性质与影响范围如何,导致问题产生的原因可能有哪些,针对这些问题目前已有哪些应对措施、效果如何,等等。

二）资料搜集的主要途径

社区调查分析本质上是以社区为分析单位的社会研究过程,相关社会研究的方法与渠道同样适用于社区调查分析。社区调查分析最常用的资料搜集的途径主要包括文献法、观察法与访谈法。

1.文献法

查阅现有文献资料是了解社区现状的重要途径,社区调查分析可以下列文献为资料来源。

(1)官方统计资料,比如关于社区的人口普查或者抽样调查资料,具体描述社区人口的年龄、性别、户籍、受教育程度、民族、职业状况、经济状况、住房情况等。

（2）社区当地的档案及现实资料，比如历年关于社区的新闻报道、社区的工作记录与总结、社区服务指南、发放给社区居民的邻里地图和小册子等。

（3）其他社区组织的记录，比如组织工作记录、研究报告、会议记录、工作年报等。

2.观察法

观察法是社会工作者通过感觉器官去体察了解社区和社区居民的现状，以及所存在的问题的一种方法。社会工作者以通过街头漫步等非参与式观察的方式了解社区的外部环境、设施与资源状况。在更多的情况下，社会工作者是在具体的工作实践中通过参与式或者体验式观察，了解社区的现状与问题、要素与功能，了解社区居民的生活特点、互动方式及面临的困境，了解社区组织运营状况与发展方向，等等。参与式观察是社区调查分析中获取大量真实有效资料的重要途径。

3.访谈法

访谈法是社会工作者通过口头询问的方式了解有关社区、社区居民及社区组织信息的重要方法和途径。社区调查分析中的访谈法一般指非结构化访谈，即社会工作者根据调研目标，与相关对象比如其他社会工作者、社区居民、社区领袖、社区组织负责人、社区志愿者等进行自由交谈。访谈过程可以是灵活自由的，一些问题可以边谈边形成，边谈边提问。通过交流沟通的过程，社会工作者可以掌握社区的大量第一手信息，作为社区调查分析的重要依据。

▶ 第二节　社区关系建立

社区关系建立的过程是社会工作者进入社区，初步与社区居民以及社区组织开展工作，让对方知道"我是谁"的过程，同时也是社会工作者进一步找准社区问题，经由相关问题而介入社区服务的过程。社区关系建立，主要应探讨两方面的方法技巧：一是如何与社区居民建立关系；二是如何进行事件介入。

一 与社区居民建立关系技巧

社工站工作的顺利开展以社会工作者与当地居民的良好关系的建立为前提。与居民建立关系的过程,包括联系前、联系中与联系后三个主要阶段,每个阶段应注意一些方法和技巧的使用。

1. 与居民联系之前的准备

在与居民联系前应做好相应的准备工作,以使后续的联系工作更加顺畅,具体的准备工作如下:

(1)明确联系目标。社会工作者应明确本次联系工作的主要目标是什么,比如社会工作者的形象建立、了解居民对某一事件的感受、社区基本资料搜集、对某户家庭进行更为深入的了解等。

(2)明确联系对象。社会工作者应明确本次探访的主要对象及其相应的探访顺序。在关系建立阶段的探访对象,通常是认识社会工作者的居民、相关事件当事人或者社区领袖,并且应对被访问对象的需要和问题有所认识。

(3)明确联系时间。在联系居民之前,社会工作者应明确探访的时间,一般以居民方便为主要原则。比如安排在下午三四点、晚上八九点,但也要以不同地区不同居民的生活习惯为依据。

(4)明确联系场合。社会工作者应确定好与居民会面的场合,一般视情况而定,可选择在居民家中、公园、咖啡厅、商店、社区活动中心、广场等。

(5)明确联系话题。社会工作者在联系居民前应准备一些话题,以避免冷场与尴尬。比如准备一些社区活动宣传单、社区服务资料,借此向社区居民介绍服务资源;向居民介绍社区设施的供给情况与未来发展规划;找出社会工作者与居民的共通之处。

(6)准备合适的穿着。社会工作者应考虑自己希望在居民心目中留下的印象,同时考虑对方的社会背景。一般情况下,探访普通社区居民时,社会工作者穿着以简单大方为宜,不可太过随意,否则不利于增进居民的信任感;也不应太过正式,否则会使居民产生距离感。

(7)预想可能发生的问题及应对策略。社会工作者在联系居民之前应预先设想到初次探访居民可能会遇到的问题,并想好可能的应对方法。比如对方不信任怎么办,对方一味抱怨应如何应对等。

2.拜访居民

在做好充分的准备后,社会工作者可以开始拜访居民,与居民建立专业的助人关系。一次拜访的全过程主要包括自我介绍、开展对话、维持谈话、拜访结束四个环节。

(1)自我介绍。在初次拜访居民时,社会工作者应恰当地向居民介绍自己,一方面可成为对话的开场白,另一方面使对方知晓自己的身份与来意。自我介绍的技巧包括:用滚雪球方法,指出自己是由居民所熟悉的人介绍来的,比如社区书记、社区知名人士等;将自己与居民所熟知的或者成功的活动相联系;对于个别仍有疑虑的被访者,可出示工作证让其消除疑虑;主动派送一些实用资料和宣传单,比如社区服务指南、社区地图等;清晰介绍自己探访的目的,同时要表达出工作者的真诚与关怀;配合以热情、主动、积极的语气和笑容,保持耐心与谦虚,切忌与居民争论;介绍时应注意语言通俗易懂,避免过多使用专业术语。

(2)开展对话。社会工作者与居民开展对话应遵循由浅入深、由简单到复杂的原则,即刚开始对话时应避免直接谈论一些敏感话题,而是提问一些比较常见且易回答的问题,比如"家里几口人啊?""来这儿住几年啦?"等。此外,社会工作者开展对话可充分利用周边的情境来展开话题,比如居民家里有小朋友在玩耍,可以从小朋友的娱乐需求入手,与居民进行交流沟通。

(3)维持谈话。通过初步的沟通与对话,减少了居民的疑虑并使双方放松后,社会工作者便可以根据事先确定的探访目标来进一步维持并深入对话。社会工作者对于居民的提问方式可由封闭式问题转向开放式问题,由事实陈述转向与居民交流个人的经历、感受和看法。比如从之前谈"小朋友平时的娱乐项目",转向谈"对社区的儿童娱乐设施的使用情况与满意程度"等。在与居民交谈的过程中,社会工作者应注意"积极聆听""同理反应"等会谈技巧的运用。

(4)拜访结束。一般情况下,社会工作者在初次拜访居民时的对话时间不宜太长,在与居民谈话沟通了一段时间以后,可适时结束拜访。社会工作者在结束对话前,应对本次交流沟通做一个简单的小结,并对居民的配合与付出表达感谢,同时"留下尾巴",即说明后续还会与居民保持进一步的联系。

3.拜访居民以后

社会工作者在某一次的拜访结束之后,应及时进行记录、总结与评估。社会工作者要记录探访居民所获取的所有信息,比如居民的个人情况与家庭背景、居民所面临的个人困扰、居民对于工作者拜访的反应、居民的热心程度、居民的具体联络方式、社会工作者对该居民的印象等内容,为后续的进一步联系打下基础。此外,社会工作者也应及时针对本次探访进行总结评估,评估本次探访是否达成预定的目标,评估本次探访中社会工作者自身的表现如何,有哪些方面仍需要改善与提升等。通过此过程,拜访居民才能收到相应成效,并使社会工作者获得成长。

二 社区事件介入技巧

介入具体的社区事件往往是社会工作者快速并有效与社区居民和社区组织建立关系的策略。因为社区事件往往引人关注且影响面广,事件介入也应是关系建立阶段社会工作者需要重点关注的方法与技巧。

1.社区事件的选择

成为社会工作者可选择介入的社区事件应具备以下条件:

(1)事件应当简单直观,使普通社区居民都可以理解并感知到社区问题。比如"社区缺乏充足稳定的供水"即优于"动员社区居民参与社区规划"的事件描述。

(2)事件应当是非分明,即该事件有明确且正确的立场,而且居民是站在正确的立场之上。

(3)事件应当为公共困扰,即该事件应当是能够直接或间接影响社区大量居民的公共问题,而非仅是个别居民或家庭的私人麻烦。

(4)事件应当可团结居民,即针对该事件的态度,社区居民内部不存在分歧,可以达成相同的意见,可以团结起来采取一致的行动。

(5)事件应当可以解决,即该事件应当是能够通过社会工作者与居民一起努力应对与解决的,而并不是无能为力的。社会工作者可与居民一起,针对该事件的解决规划具体的策略与步骤。

(6)事件应当能使居民产生强烈感受,即该事件不应是社会工作者所认为的问题,而应是社区居民能够强烈感受到的问题。若只是按社会工作者所理解的事件去动员并介入,很有可能吸引不了居民参与。

(7)事件最好能够孕育社区组织,即该事件的应对解决应当不是社会工作者的孤军奋战,而应能与社区居民一起,共同努力以解决该社区问题。居民通过参与可以学习和实践组织技巧,为社区自组织的孕育发展奠定基础。

2.围绕某一社区事件具体组织工作

当社会工作者选定可介入的社区事件或者社区问题以后,即应围绕这一事件开展具体的组织实施工作,具体包括评估问题的性质、确定目标和优先次序、鼓励及发展领袖、决定战略和行动以及反思评估等核心步骤。而这些工作基本与后续的社区计划制定、社区工作推进和社区成效评估的任务环节是重合的,在下面几节的内容中会详细呈现,在此便不再赘述。

▶ 第三节　服务计划制定

服务计划制定是根据社会工作者对于社区、社区居民、社区组织、社区问题的调查、分析与理解,以专业关系的建立为基础,针对某一具体的社区事项或者问题具体制定的社区工作推进计划。此阶段的核心方法与技巧主要包括以下几个方面。

一　问题分析

服务计划往往是问题取向的,即围绕某个社区问题或者事件设计相关服务方案以及实施服务方案的具体步骤,以达到相关目标。服务计划制定的首要任务是针对具体的社区问题进行详细的分析。

1.问题界定与理解

社会工作者应从社区居民的视角与理解出发来界定社区问题,切忌从社会工作者角度进行界定,而将社区事务的状态视为"问题"。从居民角度来界定问题,并从居民角度对问题进行描述,比如"社区居民是如何看待这一问题的"。总之,社会工作者不应将自己的观点与价值观强加于社区居民,应站在社区居民立场上去界定并理解问题。

2.问题性质与起源评估

在从居民立场出发来界定与理解社区问题之后,社会工作者针对该问题的性质与起源进行详细评估。比如:该问题的具体表现有哪些? 该问题对社区居民产生什么负面影响? 社区中直接或间接受该问题影响的居民人数有多少? 这类负面影响已经持续了多长时间? 社区居民对该问题有强烈不满持续了多长时间? 该问题是如何产生的? 该问题是如何发展演化的? 影响该问题产生与发展的因素可能有哪些? 对于该问题的解决,居民的具体诉求有哪些?

3.应对问题的可能行动与可运用的资源

为应对或解决该问题,该社区是否已经开展或正在开展一些行动? 如果有,行动的效果如何? 如果没有,是否已经有一些居民打算开始行动起来? 如果是,他们的状态与能力如何? 他们愿意为具体的行动贡献哪些力量? 如果开展相关行动,社区中可利用的资源还有哪些? 这些资源的来源有哪些? 获取这些资源的途径可能有哪些? 相关资源的获取中可能遇到的问题是什么?

二 目标确立

目标是服务工作计划的方向及预期。基于可操作性、可接受性、可度量性、共同参与的原则,关于社区服务计划的目标确立可考虑以下方法步骤。

1.明确总体目标

围绕具体的社区事件或者问题,社会工作者首先应明确服务计划的总体目标,即确立社区工作计划的总体方向与预期效果。总体目标的明确应考虑相关影响因素,比如对于社区居民需求的评估、机构的目标导向、工作者个人的经验与能力、达到目标的可能性、居民参与的动机等。总体目标的陈述应精练、明确,易于理解。

比如社会工作者通过社区调查分析与居民探访,发现该社区缺乏老年人开展休闲活动的公共设施与空间,这一问题也是社区大部分老年人的共识,他们也期待社区解决此问题。社会工作者应针对此问题进行社区工作计划,总体目标即可以表述为"改善社区老年人休闲娱乐空间与设施"。

2.列出具体目标

围绕总体目标,社会工作者应将目标进一步分解与细化,形成可操作的具体目标。比如上述"改善社区老年人休闲娱乐空间与设施"的例子中,具体目标可以表述为:①对社区现有老年休闲设施进行修缮;②盘活闲置资源,新辟老年人休闲空间;③协同社区内部其他组织,共享休闲空间与设施;④促进老年人成立休闲娱乐自组织。

三 策略制定

社会工作者在确定服务计划的总体目标与具体目标以后,便需要制定达成这些目标的具体策略,即通过哪些方式、方法、手段与步骤可促成目标实现。在此环节,社会工作者应该具体考虑这些问题:欲达成该目标,具体与之相关的行动有哪些? 具体行动开展时,需要付出哪些努力? 时间与资源的投入状况如何? 社区居民将如何组织动员? 在行动开展时,可能会遇到哪些困难或者障碍? 应对和克服的策略有哪些?

服务计划的策略制定应具体、明确并且可行,以作为后续社区工作的行动指南。例如,在上述"改善社区老年人休闲娱乐空间与设施"的总体目标下所列出的四项具体目标中,社会工作者就"协同社区内部其他组织,共享休闲空间与设施"的具体目标来规划行动的具体策略,可分别从"方法步骤""投入资源""预想困难""克服途径""预期结果"进行规划。

具体目标:协同社区内部其他组织,共享休闲空间与设施,以改善社区老年人休闲娱乐状况。

方法步骤:厘清社区内部其他组织的资源状况与合作的可能性;找准具有休闲设施与合作可能性的目标组织(比如社区辖区范围内的高校);厘清社区组织自身的优势与条件,将此作为合作的条件或资本;对目标组织进行公关,比如与某高校后勤处领导进行对话,呼吁在不影响教学的前提下,向社区老年人开放学校娱乐休闲设施。

投入资源:主要是人力资源,社会工作者与社区组织负责人应出面与高校负责人进行沟通对话。

预想困难:高校对向社区老年人开放学校休闲设施的建议并不认同,不愿意配合。

克服途径:社区组织提供可与该组织共享的设施或者服务,以作为交换条件,比如社区的停车位在白天与高校教师共享使用,社区可提供多个实习或者工作岗位、机会给高校学生;争取政府部门的支持,尤其是该高校的上级主管部门。

预期结果:社区内的高校认可资源共享的方案与计划,高校的部分体育娱乐休闲场馆与设施定期定时向社区老年人开放。

(四) 评估标准拟定

社会工作者在制定服务计划的同时也应将相关评估的标准明确化,以便计划推行之后的评估工作顺利开展。首先,问题与目标、总体目标与具体目标、具体目标与方案策略之间应具有连贯性,以确保方案步骤的开展与目标达成、问题解决的契合性。其次,相关目标、方案、步骤等的表述应当尽量明确与可量化,尽量避免过于含糊的表述,比如"改善社区居民生活质量""增进社区领导力量"等均不是明确的表述,而应将这些目标转化为"为社区居民新增设一个便民服务设施""培养两个社区领袖"等表述,这样的目标表述才可以成为后续的评估标准与依据。

▶ 第四节 服务工作推进

社区工作的具体推进是社会工作者具体贯彻执行服务计划的过程,在此过程中,社会工作者应充分进行宣传发动,促进居民参与,并挖掘整合利用社区内外部资源,推进服务计划,开展社区服务,满足居民需求,解决社区问题。此阶段的工作涉及较多的方法与技巧,以下选取部分重要的方面来介绍。

一 居民动员

社区社会工作的重要理念是"居民参与",因此动员居民积极参与、积极投入影响他们生活的社区事务中,是社会工作者的日常工作。

1. 居民动员的原则

动员居民需要遵循八点基本原则:掌握居民参与的动机;让居民看到参与能解决社区问题;给参与者带来个人的改变;厘清动员的对象;令

居民感到有所贡献;减低居民付出的代价;注意社区工作人员的素质;选取合适的事件。

2.居民动员的过程

(1)动员前的准备。社会工作者在动员居民之前要计划好相关的事项准备,比如动员的对象、动员的内容、动员的时间、动员的地点、动员的策略等。

(2)接触居民。对于初次见面的居民,工作者首先需自我介绍,积极引导并倾听,令对方信任,初步建立关系,并探听对方的想法。对于已经熟识的居民,工作者可直接表明来意,指出动员的目的与意义。

(3)鼓动情绪。通过鲜活的事实与案例令居民认识到社区问题的症结所在,令居民理解共同参与的必要性,并增强他们参与的信心。

(4)邀请参与。若时机成熟,社会工作者可直接邀请居民参与,如果对方同意参与,则直接记录对方的信息,并交代相关的参与事项;如果对方未能及时答应或者表态,则可询问何时可做出决定,并告知可能届时再联系。

(5)提醒参与。在社区活动正式举行前一天,通过家访或者电话等方式提醒居民参与的时间、地点等信息。此外,活动举行前的提醒对于动员之前一直未确定是否参与的居民也非常有效。

(6)到来参与。在社区活动或者集体行动开展当天,对于到来参与的居民,社会工作者应表达欢迎与赞赏,同时可通过自我介绍、破冰等方式,令参与的居民彼此认识。此外,尤其需关注第一次参与的居民。

(7)总结反思。对于每次的居民动员,社会工作者应及时进行总结反思,总结动员的经验与收获,反思动员过程中存在的不足,以提升后续工作的技巧。

3.居民动员的途径

结合我国社区现状,社会工作者在动员居民参与时,可通过各类直接接触或者非直接接触途径来开展。

(1)入户家访。家访是动员居民传统而有效的途径。社会工作者携带相关资料,直接到居民家中与居民面对面陈述相关动员事项,并邀请居民参与。这类面对面直接沟通的动员方式效果最好,但是比较耗费人力与时间。

(2)固定宣传点。在社区广场、街头、社区宣传栏等人流量较大之处,设立宣传展点,布置横幅、展板、海报等,也可由社会工作者或者相关人士进行当众演讲,或由社会工作者或者志愿者与路过居民进行一对一沟通,同时散发相关宣传单页,以澄清社区问题,进行社区动员。这类方式能够有效吸引关注,扩大事项的影响面,但动员的针对性不强。

(3)来函来电。将印制好的信件或宣传单寄给居民或者放置于居民的信箱之中,或者直接打电话给居民,说明动员事项,邀请居民参与。这类方式的动员覆盖面比较广,而且比较节省人力资源与时间,但由于并不是面对面的沟通,效果可能不尽如人意。

(4)社区新媒体。在信息化普及的背景下,运用新媒体也是重要的宣传动员方式。可通过社区微信公众号、社区官方微博进行信息发布与进展披露,同时在社区邻里QQ群、微信群中进行宣传与动员。这类方式节省资源、效果良好,但对于社区中部分不使用新媒体的居民,比如老年人、残疾人等不能涵盖。

(5)社区非正式组织。通过社区现有的团体尤其是非正式组织进行动员也是社区动员的有效方式,比如通过社区老年人健身队等老年人非正式团队动员老年人参与争取社区老年人设施的集体行动。非正式组织的信息传播效果好,其内部的成员互动频繁、彼此影响,可以实现高效并具有针对性的动员。

二 居民会议

1.居民会议的目标

社区居民会议即主要由社区居民作为参与者的会议。社区居民会议也是社会工作者日常工作中经常开展的事务。通过居民会议,可以达到社区工作的部分任务目标,也可以促进过程目标的实现。

任务目标:一是交流相关信息,分享相关资料;二是搜集居民针对某一问题的意见与建议;三是社会工作者向居民代表汇报相关社区计划推进情况;四是对于某些社区重要事项进行讨论,并达成共识,或者形成决议。

过程目标:一是促进居民的社会交往与社区互动;二是增进与会者之间的联系,拓展人际网络;三是通过开会协商,培养居民团队合作精神;四是参与会议学习问题解决的办法;五是居民会议的参与亦是社区民主的重要表现。

2.居民会议的过程

围绕居民会议的召开,可将开会流程分为会议前、会议中与会议后三个环节。居民会议的会前准备和会后跟进与会议的进行同等重要,不可以忽略。

(1)会议前。居民会议举行前应进行一些准备工作,具体包括会议的目标、会议的相关资料、会议的议题与议程、会议的参与人员、会场的摆设与布置。社会工作者可初步了解与会者对会议议题的看法,预测会议中可能发生的意外,并做好应对预案。会议当天,主持人应提早到会场检查用品及布置,并和早到的与会者交谈,培养轻松愉悦的气氛。此外,会议尽量按时开始,如果与会者未到齐,可将重要事项稍作后延。

(2)会议中。一是掌控会议议程。会议一开始应首先简介会议目标与重点,让与会者留心并注意。会议尽可能按照事先准备好的议程来开展,让与会者能及时跟进。二是掌握会议时间。会议应掌握好各项议程的时间分配,总体的时间也不要拖得太长,以提升会议的效率。三是开展集体讨论。社会工作者作为主持人应关注自身在会议中的角色,不应垄断发言,而应尽量引导与会者发言讨论。与会者的发言,不应由主持人即时回应,而应将话题抛向其他与会者来共同讨论。会议应形成集体讨论的氛围,避免某些与会者垄断发言,也避免只是一对一的讨论,鼓励不善言辞的与会者表达自己的意见。四是及时总结。在会议中,主持人应注意多做集中、归纳、摘要工作,以让全体与会者跟得上会议的进程。会议结束前,主持人也应进行简要总结,让与会者知道本次会议的成果。五是客观公正。主持人应保持客观中立的态度,仔细倾听每位与会者的意见,不能强迫与会者接受自己的观点。进行决议时,尽量不要太快用投票表决的方法,而应先让与会者充分讨论,尽可能达成共识,尽量不要让某些与会者有输赢感和孤立感。六是语言表达。主持人讲话的音量应使每位与会者都能听到,语速也不应太快。语言的使用尽量口语化、通俗化,避免使用专业术语,要让与会者感觉到自然如常。七是情境应对。主持人在会议进行过程中应留意每位与会者的行为和反应,并进行适当的应对。比如与会者针对某个问题争执激烈,是否需要停止讨论;与会者对某个议题没有反应,是否需要转移议题。

(3)会议后。居民会议结束以后,社会工作者应及时进行记录总结与跟进。尽快将会议纪要整理出来,并派发给与会者,让与会者清楚地了解会议的决议与决定。同时将会议的内容与决议通知给本应参会而由于各种原因缺席的社区居民。会议达成的决议应及时跟进,依照会议的决定,执行行动,并及时告知与会者相应的行动进展。

3.居民会议主持的技巧

由于居民会议参与者的背景和参与动机不同,以及居民参与会议的非正式性,因此,不同于其他类型的会议,居民会议的主持更需要注意一些方法与技巧的使用。根据居民会议的特征可运用以下几种主持的表达技巧:

(1)积极倾听。居民会议的主持人更多的是扮演倾听者的角色,主持人应充分运用自己的语言与身体语言,让发言者知道主持人正在细心倾听他所发表的意见,同时要关注其他与会者的反应,不应太过注意某一两位发言者。

(2)发问／邀请发言。发问是居民会议最常用的技巧,主要目的是鼓励并协助与会者发言,营造集体讨论的氛围。发问尽量多针对全体与会者,以提升会议的自由度,提升每位与会者的积极参与度。有时也可以个别发问,主要目的是协助特定成员表达,或者获取特定人士的意见。主持人的发问尽可能使用开放式问题,让与会者能够自由表达。

(3)进一步说明。主持人应协助发言者进一步将意见表达清楚,并引导他发表更多的意见,以帮助一些被动、害羞及没有信心的与会者表达意见,也可以协助与会者理解发言人的意思,以免发生猜度及误解。

(4)意译。主持人用自己的话或大家都可以理解的语言,简略地复述发言者说话的内容,即抓住发言者说话的主要意思及关键词,精简表达,而不是复述发言者讲的每一句话。通过意译以试探自己是否了解发言者的表达并协助其他与会者理解发言者的意见和感受。

(5)转向或指引。将发言者的意见或问题转向或抛向全体与会者或某特定人士去回应与讨论,以此让发言者得到适当回应,进而加强整体讨论的气氛。

(6)集中。将与会者的讨论内容集中在某一讨论项目或曾经发表的

意见上,将会议的讨论带回议程上,避免离题。

(7)简化／摘要。将发言者所讲的一大串意见简化为几点,将意见摘要性地归纳出来,让其他与会者清楚知道讨论及意见的重点。

(8)综合。主持人将有关联的意见或讨论串联及综合起来,以求同存异、减少分歧、丰富意见,使会议的讨论更加系统化。

(9)总结。主持人将之前所提及的意见、观点及决定,清楚地复述一次,让与会者明晰最后的决定及观点。

(10)赞赏／鼓励。对与会者,尤其是发表意见者、提供资料者及积极参与者给予赞赏,以鼓励与会者多发言,让他们感觉到被尊重,以加强会议的参与性。

主持人除运用以上的会议主持的表达技巧外,也应运用恰当的身体语言以辅助会议的开展,比如眼神、面部表情、姿势、手势等。同时,主持人也应密切关注与会者的身体语言,了解身体语言可能蕴含的信息,并做出适当的回应,有助于加强与会者的参与。

三 组织接洽

社会工作者开展社区工作时,不仅需要与社区居民建立专业关系,还需要与政府部门、企事业单位及社区其他组织接洽,以争取其他组织的支持、协同与整合资源,共同为社区居民提供服务,解决社区问题,促进组织合作与社区发展。社会工作者在处理与政府部门及社区团体的关系时可使用的技巧有:既要平稳,又要统一;一个红脸,一个白脸;接触越多,关系越深;轻轻松松,闲话家常;求同存异,增加沟通;师出有名,公私分明;隐弱扬强,自我炫耀。结合社区工作实践,与社区其他组织接洽联系并开展合作的技巧主要包括以下几点。

1.组织分析

与组织建立关系的前提即需要对目标组织的特征进行较为清晰的描述与分析。社区组织内部的性质特征、业务范围、服务对象、结构功能、价值倾向、组织成员、组织领导、权力体系、运营情况等,社区组织外部的公关状况,与其他组织的关系等均是组织分析的内容。

2.平等互信

无论是官方组织还是民办机构,各种类型、各种性质的社区组织之间的协作应以平等为前提,各类组织无论规模大小抑或官方、民间,均应是平等的组织主体,任何组织均不应高人一等,高高在上。此外,组织间的高度信任可以促进合作双方交换知识、分享信息,使组织之间高效沟通协调,进而更顺利地发展机构之间的合作关系,使合作双方可收获彼此需要的资源,实现共同目标,达到共赢。社会工作者在与其他社区组织接洽时,也应秉持平等信任的姿态,以不卑不亢的态度与其他组织交往。

3.双向沟通

社会工作者应促成社区不同组织之间的积极沟通互动,通过各种形式的双向沟通,比如工作坊、讨论会、年会等,促进合作双方的信息公开与交流,使双方对彼此的互补资源、优势和不足等有全面而清晰的认知,消除由于不了解而形成的误解,促进不同组织工作人员之间的知识分享与价值观认同。社会工作者可促进不同组织以团队学习的形式,定期以小型座谈会、小型研讨会、讲座等形式分享各自的工作体验与工作案例,以保障机构之间可持续的协同合作。

4.优势互补

社会工作者首先应积极促进自身机构的服务质量提升,以增进自我实力,获得服务对象的良好口碑,并通过社区宣传,提升机构的核心竞争力与影响力,将此作为与其他组织合作和交换的资本。社区各类组织应充分发挥其功能优势,整合资源,共享信息,形成协同机制,提升服务的效果与效率。

5.契约订立

在相关政策法规下,社会工作者应积极促成不同社区组织之间的协作关系。开展合作的社区组织之间应以正式的合作协议或契约作为协作的保障,以澄清双方合作的形式与内容,厘清双方的权利、义务,划定各组织的责任边界,规范协作中的各组织行为。

6.价值共融

除基于法律、制度、契约等正式关系以外,价值伦理、道德观念等非正式关系也是影响组织关系的重要因素。除订立正式的合作协议与契约以外,社会工作者也应促进社区内部各类组织之间通过价值观、服务意识等方面的共融共享,增进组织之间的彼此认同,从而加深双方之间

的信任与合作。

四 人力资源培养

(一)培养社区领袖

社区领袖是社区居民中的骨干力量,社区领袖对于社区、社区居民以及社区组织而言是非常重要的角色,社区领袖能团结居民,能集中表达社区居民与社区组织的要求的实质,提出行动目标,倡导集体行动,带领居民一起争取合理的权益。社区领袖亦是社区自组织与正式社区组织孵化的前提。因此,社区领袖的培养也是社会工作者的重要工作内容。

1.识别具有领袖特质的居民

与其他正式组织的领导不同,社区领袖的领导权威的获取更多的是基于一类"个人魅力"式路径,而非"法理型"路径。作为一名优秀的社区领袖,应当具备以下特质:热心公益,善于交往,外向热情,口头表达能力强,乐于倾听,思想开放,视野开阔,反应敏锐,公私分明,客观中立,自律自制,勤奋进取,抗压力强,自我认同,乐于助人。当然,在实践中,完全具备以上特质的个人很少,社会工作者应在工作中积极观察并识别出具备以上某些特质的居民,并加以发掘与培养。

2.培养社区领袖应当具备的技能

虽然社区领袖的潜能很多是基于先天的个人特质,然而后天的培养对于社区领袖的成长也至关重要。社会工作者应积极对具有社区领袖特征的居民开展技能培训,提升他们的领导技巧,这些技能主要包括组织居民、宣传发动、居民会议、调解斡旋、公开演讲、交往沟通、团体工作、资源整合、对外公关、计划策划、谈判游说。社会工作者可以凭训练、实习、示范、观看影音资料、角色扮演、体验、讨论等方式帮助具有领袖潜质的居民通过学习训练提升其领导技能。

3.社区领袖培养相关案例

发掘社区领袖 促进社区自组织发展

某社区准备建立图书室、舞蹈房、活动室等场所,为社区文体活动提供空间,但是怎样把居民组织起来参加活动是个问题。社会工作者了解到社区居民徐某某是一位经验丰富的退休音乐教师,精通乐理,熟悉多种音乐和曲艺形式,社会工作者便积极与她沟通联系,请她担任拟成立的社区合唱团的团长。徐某某带领居民进行合唱排练,吸引了越来越多的居民参加,合唱团还走出社区,到乡镇敬老院表演节目。社区居民的文化生活变得丰富多彩,徐某某也实现了自我价值。除了成立合唱团,社区先后发掘社区领袖组建了健身球、舞蹈、木兰剑、太极拳等十多支队伍。这些社区自组织的成立,在很大程度上得益于社区领袖的带领。

(二)社区志愿者挖掘

1.社区志愿者挖掘的意义

社区志愿者是社区社会工作中宝贵的人力资源,志愿者的挖掘与培养亦是社区工作的重要方面,具有多重意义:一是对于社区志愿者自身而言,可以发挥个人特长,提升个人能力,丰富人生体验,强化社会责任意识,实现自我价值;二是对于社区社会工作而言,志愿者的积极参与,可以提供重要的人力资源基础,以提升服务质量,丰富与拓展社区服务;三是对于社区居民而言,志愿者的参与可以充分表达关怀和爱心,满足特定居民的特定需求;四是对于社区及社会而言,志愿者的积极介入可以实践团结友爱、互助关怀的理念,提升社区归属感与凝聚力,营造守望相助、和谐友善的社区氛围,共筑平等共享发展的社会。

2.社区志愿者挖掘的原则

挖掘与培养社区志愿者应遵循以下基本原则:一是运用优势视角,善于发现与发掘每一位居民的能力与潜能,人人均可从事志愿服务;二是使居民通过志愿服务能有所收获,这类收获可以是物质上的奖励,也可以是精神上的鼓励,还可以是志愿积分等的积累;三是营造和谐友爱的团体氛围,让志愿者获得志愿服务团队的归属感;四是让每位志愿者均可以通过志愿服务发挥其作用,让他们体验到志愿服务的成就感。

3.社区志愿者挖掘的技巧

(1)现身说法。社会工作者可组织志愿者经验分享会,社区现有的志愿者现身说法,向其身边的亲友或者其他社区居民分享志愿服务的体验与收获,以此影响与带动社区居民积极投身志愿服务。

(2)团队拓展。社会工作者可以从社区现有的组织或者团队入手,通过社会工作者与团队一起工作、活动,向团队成员宣扬志愿理念与价值,促使社区活动等团队拓展志愿性服务功能。

(3)开办课程。社会工作者可定期面向社区不同类型的人士开办不同内容与形式的个人或者小组培训课程,引导不同类型的社区居民,比如青少年、大学生、低龄老人等投身志愿活动。

(4)宣传推广。通过各种形式比如海报、传单、报刊、公共交通公益广告、新闻、影视剧作品、各类社区活动、新媒体推广等宣传志愿服务理念,广泛推广志愿服务及发布志愿者招募信息。

4.社区志愿者挖掘相关案例

社区文艺团队转型为社区志愿者组织

兰州市从2017年开始实施"三社联动"试点工作,X社区作为首批试点社区,将原有的社区居委会办公场地全部置换出来,用于社区综合服务。社会工作者深知社区团队对于社区发展的重要价值。然而社会工作者发现,社区现有团队松散,大多有很强的自利倾向,且各团队诉求不同,甚至冲突频发。社会工作者致力于挖掘社区现有的文艺团队的志愿服务功能。

经过社会工作者前期细致的需求评估以及与街道社区的充分沟通和准备,社会工作者制定了孵化社区志愿者组织的五步计划。

第一步,以社区公共空间改造搭建平台。X社区"三社联动"空间提升改造给社区团队发展带来新契机,社会工作者用开放空间的方法召开"社区您做主,空间您规划"的参与式会议,让社区团队与社区工作人员、社区居民、社会组织汇聚一堂,在社会工作者的组织下设计自己的活动室。社区空间的功能分布、楼层布置都由所有与会者民主讨论决定,连社区活动室的色彩装饰、大小物件、防滑处理和盲道设置,也都是由社区团队集思广益设计的。前所未有的参与感极大地激发了社区团队的主人翁意识,团队成员在社区公共空间改造期间经常到现场走走看看,场地完成改造时甚至带着小孙子来合影,其自主意识得到充分激活。

第二步,制定社区团队的活动规则。社区公共空间改造会议的参与给社区团队制造了某种迫切想要入驻的"饥渴营销"效应,社区空间改造完成后开展什么样的团队活动摆在社会工作者面前。社会工作者与社区团队共同讨论,在场地使用规则上达成共识并签订协议。第一,场地使用分日期分时段,最大限度保障每个团队的活动开展。第二,每个团队负责当期场地的清洁维护,下一时段进入活动的团队打分考核。第三,使用场地是需要考核的,活动开展不好就换做得好的团队进来。第四,每个团队不能只是自娱自乐,需要根据团队特长与资源为社区提供服务。规则的建立促使团队形成竞争生态,各团队纷纷开始"招兵买马"、增强活动特色以吸引居民参与。社会工作者迈出了引导社区团队转折发展的关键一步。

第三步,由自娱自乐团队到社区志愿服务队。经过一个多月的活动,社区居民团队的发展逐渐进入稳定阶段,社会工作者也得以观察评估团队的优势与资源。社会工作者先从最为活跃的A团队入手,沟通开展社区志愿服务的计划。A团队列出了入户陪伴孤寡老人、小分队进入残疾人家庭演出、寒暑假儿童声乐培训、四点半课堂志愿服务等项目,其30名成员可以持续服务本社区20余户居民。一石激起千层浪,剩下几支团队的参与热情被A团队激活,他们纷纷拿出各类服务方案,社区100余户孤、残、老、病等特殊居民一下子找到了身边最贴心的志愿者。

第四步,由热情到专业,推动社区团队的专业发展。社区团队的参与热情被一步步激发出来,但客观现实是团队成员志愿服务经验少,年龄普遍偏大,特别是服务残疾人等社区特殊人群时力有不逮。社会工作者充分利用中国志愿服务信息系统平台建设的契机,帮助社区团队成员在中国志愿服务网上登记注册,使社区团队的志愿服务名正言顺,并邀请资深志愿者分享志愿服务的技巧与方法。入户前,社会工作者协调街道将社区楼门栋长纳入志愿服务体系,使社区团队能够熟门熟路地入户开展服务。

第五步,微创投公益,为社区团队输入动力。社区团队的活动一经激活便具有了自我发展的能力,传递志愿服务精神,健康讲座、爱心捐助、入户服务等服务全面启动。街道社区将"三社联动"中的社区社会组织孵化与社区服务费用拿出来设计"微创投公益"项目,由社区团队通过竞争申请,在近一年的运转后,社区团队已经发展成为有模有样的微型公益组织。

▶ 第五节　服务成效评估

在采取了一系列有计划的介入行动以后,社会工作者需要通过系统汇集材料、总结工作方法、检查介入成效等方式对前期工作做一小结,总结经验,检查问题,并明确下一步工作目标,这个过程就是服务成效评估。

社工站工作的评估即运用科学的方法系统地评价社工站工作的介入结果,总结整个社工站工作的介入流程,考察社工站工作的介入是否有效,是否达到了预期目标的过程。

1.评估的类型

社工站工作评估依据其侧重点或者内容,可主要划分为三种类型。

(1)努力评估。努力评估即评估社会工作者为相关社区服务计划的目标所付出的努力情况。比如:社工站为居民提供了多少服务？服务计划是否按照原定方案实施？实现程度如何？社区居民是否得到了适当的帮助？具体形式又分为:方案监察(监察方案实施的整个过程)、特别研究(分析特殊个案)、记录分析(分析服务的信息留存情况,比如文件、图片、语音资料等)。

(2)效果评估。效果评估即考察社工站工作计划或者服务方案对于社区及社区居民所产生的效果。在社工站工作中,进行效果评估可以对社区居民进行访谈,可以使用标准化的评估表格对服务进行评判,也可以使用调查问卷或机构设计的专门化量表对服务对象进行调查。

(3)效益评估。效益泛指相关的效果与投入成本之间的比值。社工站工作中效益评估主要是指服务方案产生的效果与耗费资源之间的比例关系,即计算投入与产出的比值。一般说来,成本的投入比较容易判断,但是,服务的效果却往往难以精确计算,常常要借助于一定的方法进行测量。

2.评估的方法

社工站工作评估的方法总体上分为两大类,即定性评估与量化评估,下面重点探讨几种常用的技术和方法。

(1)基线测量法。选择两个时间点,分别定为基线期与评估期(比如年初与年尾)。根据社工站工作的目标,选择相应的测量工具,分别测量基线期与评估期的各项指标值,通过比较两者是否有差异及差异的大小来测量社工站所进行工作的影响力度。

(2)任务完成情况测量法。将社工站工作的目标分解成具体的行动和任务,通过探究既定任务的完成情况来对社会工作者进行考评,通常运用5个等级尺度来测量任务的完成程度(比如"没有进展"——1分、"很少实现"——2分、"部分实现"——3分、"大体上实现"——4分、

"全部实现"——5分),将每项任务的最后得分加到一起,然后除以可能获得的最高分数,就能确定完成任务情况的百分比,以此来评测社工站工作的目标与任务的完成程度。

(3)服务对象满意度测量法。由社工站工作的服务对象(主要是社区居民或村民),以口头或书面形式(包括填写问卷)来表达对社工站工作的看法,一般分为"很不满意""不太满意""一般""比较满意""非常满意"5项满意程度标志,分别赋值1~5分;"比过去差""与过去差不多""比过去好"3项发展态势标志,分别赋值1~3分,以此来评测社工站工作的效果。

3.评估的问题设计

一般来说,社会工作者设计出一个完整的评估方案,通常应涉及以下内容:

(1)社工站工作需要评估的主要问题及其所要达到的标准分别是什么? 在评估的开端,社会工作者必须清楚界定评估的问题及评估的准则,将此作为后续评估工作的依据。

(2)评估中自变量是什么? 是否存在干扰变量? 评估的目标是检验相关工作方案是否能达成预先计划的目标以及达成的程度。因此,评估设计应明确界定哪些是导致成果的影响因素,即导致结果产生的自变量与干扰变量。在评估设计中,自变量是具体的服务计划,干扰变量是除具体项目以外的其他因素。

(3)评估对象是谁? 具体的对象筛选标准是什么? 在社工站工作评估中,评估对象应是因社工站工作方案/计划的推行而直接受益的个体或者群体。

(4)评估设计是否包括控制组? 严谨的评估设计会设有实验组和控制组以进行比较分析。实验组是指社工站工作介入并给予某项服务的服务对象,而控制组是指未实施任何服务项目的对象组别。

(5)何时进行测量? 在评估中,社会工作者可以选择在不同的时间段去测量评估对象的表现,比如在服务推行前、推行中及推行后等。

(6)社工站工作计划开展多久后进行测量? 这并没有一定的准则,主要考虑计划的性质、实施的期间,以及计划预期的成果和变化需要多少时间才可以凸显。

<table>
<tr><td>第六章</td><td>乡镇（街道）社工站督导</td></tr>
</table>

　　民政部提出要在"十四五"规划末实现"全国乡镇（街道）社工站全覆盖"。乡镇（街道）社工站建设既是促进基层治理现代化的重要命题,也是中国社会工作事业的新机遇。高质量、专业化、本土化是民政部对乡镇（街道）社工站建设的基本要求和定位。因此,在社工站服务推送中如何保障专业性成为站点建设的核心议题。抓住机遇需要彰显社会工作的社会性和专业性,提升专业效力。但由于制度建设不健全、社会组织承载力不足、专业认受性困境、专业人才流动性大、服务能力不足等问题,各地乡镇（街道）社工站建设受到制约,导致政策实践与现实需求满足存在落差,专业实效性有待充分激发。乡镇（街道）社工站建设的人才导向更对专业化与本土化充分融合提出发展要求。新设的乡镇（街道）社工站很多处于县域一级或相对偏远地区,实际的区位状况本就让人才招聘困难重重,吸纳受过科班训练的社会工作专业毕业生或持证人员更是难上加难。所以,建构本土化的社会工作人才培育机制成为首要问题,如何在社工站内部建设专业人才培养与督导机制就显得更为重要。

▶ 第一节　社会工作督导基本知识要点

一　社会工作督导内涵

　　社会工作督导是专业训练的一种方法,它是由机构内资深的工作者,对机构内新进入的工作人员、一线初级工作人员、实习学生及志愿者,通过定期和持续的监督、指导,传授专业服务的知识和技术,增进被督导人员专业技巧,进而促进他们成长并确保服务质量的活动。

二 社会工作督导对象

社会工作督导的主要对象有四种:一是新进入社会服务机构的工作者;二是服务年限较短、经验不足的初级社会工作者;三是在社会服务机构实习的学生;四是社会服务机构的非正式人员,主要是志愿者。

三 社会工作督导类型

1.师徒式督导

督导者扮演师傅的角色,提供教育训练。师徒式督导强调学习过程,焦点集中于一般议题。从专业的角度看,被督导者自己承担更多的责任。

2.训练式督导

被督导者被认为是学生或受教育者,在具体实务服务中,督导者负责部分工作。训练式督导同师徒式督导较为一致的是也强调学习过程,将焦点集中在一般议题上。在专业方面,督导者承担更多责任。

3.管理式督导

督导者是被督导者的上级或主管,具有"上司与下属"的关系。管理式督导强调的是实务工作的完成及其服务质量,焦点集中于特殊议题。从专业的角度看,督导者承担更多的责任。

4.咨询式督导

督导者与被督导者及其工作没有直接关系和责任,是纯粹的咨询角色。咨询式督导同管理式督导较为一致的是强调实务工作的完成及其服务质量,将焦点集中在特殊议题上。但从专业的角度看,被督导者自己承担更多的责任,也就是说,被督导者根据实务工作的要求,主动寻求帮助和支持更为重要。

四 社会工作督导功能

社会工作督导具有三大功能,即行政功能、教育功能和支持功能。所谓行政功能,要求督导者在被督导者的招募与选择、被督导者的引导与安置、工作计划与分配、工作监督、回顾与评估、工作授权与协调等方

面担负指导责任;所谓教育功能,要求督导者对被督导者完成任务时所需的知识与技能给予指导,协助被督导者达成专业上的发展;所谓支持功能,是要求督导者向被督导者提供心理和情感上的支持,促使被督导者感到自我的重要性与价值感,让被督导者能轻松面对工作。

▶ 第二节　乡镇(街道)社工站督导的相关研究

乡镇(街道)社工站设立的目的在于促进基层治理体系建设和推进基层治理能力现代化。因作用和目的不尽相同,其建成方式、运作特点和运作模式等方面都与以往的社会工作机构有着较为明显的区别。当前的研究更多的是关注乡镇(街道)社工站督导实践推进的困境,主要包括督导制度建设和督导人才供给两个方面。

一　督导制度建设

制度建设方面的困境主要是因为大多数地区没有建立专业督导体系,社会工作者在工作过程中遇到困惑时无法及时得到督导,使得服务成效大打折扣。即使有条件接受督导,也常因为督导者与被督导者之间有文化和法律框架、地区社会工作发展阶段不同等方面的差异和限制,而产生督导隔阂。不完善的督导制度以及双方认知上的错位会使得督导被误认为是一种"行政干预和监督机制",由此引发被督导者的不满与反抗情绪,对后续的督导工作开展产生不良影响。基于此,相关研究发现,社工站的总体制度设计和运行管理制度还不够完善,需要进行学术和实践的双重探索。

二　督导人才供给

乡镇(街道)社工站督导面临的另一个困境在于督导人才的供需不平衡。当前,为满足社工站的督导需求,主要通过聘请高校专业、外地专业人才以及聘请本地其他机构督导这三种途径来实现。但在稳定性、联结性、有效性等方面难以得到保障,无法真正解决该困境。另外,乡镇(街道)社工站需要融入基层治理体系之中才能发挥其应有作用,而外来督导者对于社工站所处地区文化的不甚了解也会成为影响督导效果的一个重要因素。

虽然乡镇(街道)社工站督导仍存有以上问题亟须解决,但不可否认目前国内已发展出一些较为成功的、具有借鉴意义的社工站督导模式。其中较为成功的乡镇(街道)社工站督导模式是广东的"双百"社工站督导模式,其"协同行动"的督导策略能使接受这种陪伴式成长的社会工作者在未来更有可能与服务对象平等地交流互动。另外,"协同行动"还强调文化敏感性,认为社会工作者要向社区学习,充分考虑社区的社会处境和文化脉络,在本土实践的基础上与专业理论对话,从而建立起契合本土脉络的专业知识体系,成为"本土的社会工作"。这样的督导模式能够有效地解决外来督导者对于本地文化陌生的问题,在提升乡镇(街道)社工站督导效能的同时可助力培育优秀的本土督导人才,也可为其他地区的乡镇(街道)社工站建设与发展提供实践参考。

总体来说,我国乡镇(街道)社工站的督导模式还处于探索之中,尚未出现一种可全国推广及复制的高效模式。其原因主要为乡镇(街道)社工站出现时间较短,且各地的乡镇(街道)社工站建设因政策力度、资金支持情况以及社会工作发展情况而呈现参差不齐的状况,支撑探索乡镇(街道)社工站督导模式的样本尚不充足。从目前现有的督导模式效果来看,以"外部督导 + 内部督导"相结合,培养本土督导人才的督导模式仍是一种较为行之有效的办法。但是关于如何有效推进督导、保障督导质量和围绕什么内容进行督导可以有效支持社会工作者成长等方面的讨论仍然不足。当前,大部分乡镇(街道)社工站在督导维度方面还是存在焦点不清、人才不足、操作方向不明等问题。如何就社工站的职能发挥,探索有效的督导逻辑和操作框架以高效推动社工站发展成了重要课题。

▶ 第三节 乡镇(街道)社工站督导的逻辑设计

基层治理的"碎片化"困境呼唤政府、市场与社会多元主体共同治理的社会共治模式的出现。社会工作参与多元治理的特点是服务型治理,即通过服务来实现治理,对利益相对受损者开展服务以实现利益关系的相对平衡,进而达到该领域关系的有序和持续。通过积极参与,公民越来越多地在公共和社会政策的制定、实施和评估中发挥作用,甚至当问题发生时,能够主动参与基层公共事务,发起协商调解、化解和解决问题的集体行动,即基于信任网络、公共性和文化特质的社区成员共同参与的自组织治理。乡镇(街道)社工站的发展定位便是全域性服务型治理机制的建设。

基于此,针对乡镇(街道)社工站社会工作人才队伍的构成情况,完全按照专业督导的机制进行推进可能难度很大,站点社会工作者对于专业督导传达的很多知识估计很难吸收,容易产生较大的反弹情绪,难以达成工作境遇与专业服务之间的动态平衡。立足社工站现有人员的专业性水平,以服务型治理的站点建设为旨归,尝试构建一个更具操作性和指导性的乡镇(街道)社工站督导实践框架与演进逻辑。这样的逻辑涵盖专业服务能力提升和治理机制创新意识。前者解决的是社会工作者的专业能力如何呈现的问题,督导努力指导和协同社会工作者吸收好专业知识、主动融入原来服务体系、渐进式地进行服务供给;后者回应的是社会工作者如何站在社工站建设定位层面上进行服务的提供,督导协助社会工作者从地方治理创新角度设计所有的活动与思考服务的提供。

一 集体式知识普及

建立一线辅导培训班,设置相对较低的入学门槛并分板块开展教学,普及社会工作的基础知识,形成在实践中理解专业概念的学习模式,在学习结束后督导可以结合各站点的实践情况有意识地进行针对性的专业考核,从而提高一线社会工作人员的专业服务能力。通过社工站督导工作的具体实践,可以发现社会工作者需要具备五种能力:①对项目的真实内涵与运营思维的理解能力;②社会工作专业理论知识的学习能力;③个案、小组和社区工作等实务工作方法的实践能力;④基础文本书写与语言表达总结能力;⑤把零散服务串成一个有逻辑服务链条的能力。

二 行政关系处理引导

乡镇(街道)社工站的社会工作者非专业背景出身人员较多,专业性不足,在与基层乡镇(街道)管理者的行政要求对话上可能存在不知如何回应的困境,来自行政与专业之间冲突的压力较大,故督导应帮助社会工作者理顺专业与行政的关系,缓解两者冲突带来的压力。协同式示范可以带领社会工作者与乡镇(街道)领导、民政干部沟通,帮助他们理解乡镇(街道)社工站的现实作用,从更高的角度去梳理专业服务和协调基层民政工作的关系,从优化基层为民服务体系的角度引导基层干部与社工站社会工作者对话,避免形成行政化与专业化对立的局面。督导可以采取陪伴式督导的方式,陪伴社会工作者成长,帮助其了解专业内涵,学会处理各种关系,把握职业身份边界,防止"行政化"问题发生。在当前的站点服务中,相较于专业的植入,防止社会工作者被行政化显得更为重要。因此,督导要给予社会工作者关注与支持,帮助其树立自信,引导其成长,也要协助社工站处理好与乡镇政府(街道)之间的关系,包括向乡镇(街道)领导普及社会工作相关知识及作用,帮助一线社会工作者了解行政系统的办事习惯,学习如何用温和的、艺术性的语言表达方式拒绝来自行政层面的与社会工作无关的任务等。

三 渐进式专业引入

督导要逐步协助站点社会工作者实现服务的专业化,逐步树立专业自信,针对当前站点社会工作者的背景,督导宜采用渐进式、阶梯式的专业输入协助社会工作者实现专业能力的提升。首先,从社会工作者最容易执行的方面开始,从社区活动入手,协助社会工作者规范活动环节,学会逐步将专业元素融入站点举办的社区活动当中,立足专业思维设计有自身乡镇特色的年度社区活动规划,体现社区活动专业化和一体化的鲜明表征。其次,督导要对社会工作者进行动态评估,对于专业性较弱的社会工作者,引导其考取专业证书和阅读专业书籍,通过专业学习提升社会工作者专业素养。再次,结合工作的开展和社会工作服务的推进,运用个案、小组等专业工作方法进行梳理和对话,引导社会工作者深入学习专业服务技术,提升自己的专业素养。最后,可以借助定期举办区域交流的沙龙活动,使社会工作者能直观地感受他人在服务过程中的优点及长处,以朋辈督导的方式相互促进成长。

（四）注重以治理创新引导服务反思

乡镇(街道)社工站的专业服务逻辑是追求服务型治理,运用社会工作专业方法服务乡镇(街道)中心工作,让乡镇(街道)社工站成为一种基层治理的方式。乡镇(街道)社工站作为便民服务的"最后一公里",其工作不能仅仅停留在社会工作服务的层面,而应结合具体实际探索地方治理特色,助力创新地方治理体系,让社会工作的专业服务真正融入基层治理的体系之中。社会工作专业以积极解决基层民生问题为立足点,形成专业发展与基层治理双向互动的良性机制,以此有效助力乡村振兴的发展。

总而言之,专业性督导亟须解决的问题是专业服务如何更好地"下基层"。因此在实务的场域中延伸出社工站发展的三个困境,即一线社会工作者服务的非专业化、服务团队的不稳定性和基层社工站点的行政发展困境。督导不应仅是以解决困境为目标导向,而应是激发社会工作者以及服务对象的内在抗逆力,学会反思总结具体的服务,从而构建基层治理的良性督导闭环。督导在四个环节中努力将服务与治理融合,协助社会工作者进行三个方向的探索:一是可以通过"三同"的方式协助社会工作者完成"身心安顿",帮助其澄清个人角色并挖掘其内在潜力,加强其对于服务角色的认知,以此激发其成长的内生动力,提高专业服务的认可度,更好地帮助社会工作者与实务场域相互磨合、相互融入。二是协助社会工作者积极链接身边资源,共同面对困难并为其提供个人支持,同时积极培育"本土化"的督导人才队伍,坚持政治引领站点建设,不断修正社会工作者发展的正确航向。三是鼓励站点服务的社会工作者实现个人发展与专业发展相适应,与基层治理相协调,与基层政府相补位,并示范指导社会工作者协调多方关系,促进多方相互理解,帮助站点争取更多更宽的基层服务空间,增加专业服务的"可为"性。

服务与治理并重的督导逻辑强调在专业服务层面引导社会工作者成长的同时,也要注重从治理层面引导社会工作者跳出专业的视角,从更为宏观、更多层次的角度审视和反思自己的服务,从而更好地平衡各利益相关方的诉求,以此助力基层治理创新,同时以治理创新的思维回应关系梳理的困境,扩大社工站的发展空间,拓宽专业服务途径,向基层合作方呈现专业的衍生功能。

▶ 第四节　乡镇(街道)社工站督导框架

督导的最终目的是从"事"的跟进与"人"的成长两个角度提高专业能力与保障专业品质。而督导的责任是了解被督导者服务的效果和面对的困难,帮助被督导者树立专业价值观,提升有效的服务技巧,处理好伦理困境。以建设本地督导队伍和引进外部专业督导力量相整合的乡镇(街道)社工站督导模式要求督导者能够激发、激励他人,帮助被督导者解决问题,提升被督导者的专业水平和专业技能,并改善社会工作实践效果。为了达到这样的督导功能和推进服务与治理并重的督导逻辑,需要一套完整流程体系来保障督导的完成和效果的达成。

根据可行性原则,构建有效的乡镇(街道)社工站督导机制可以从内部和外部两个方面入手。首先从县域内部入手,可以根据当地人才实际状况,整合县级社工站的力量,组建本地督导队伍,为乡镇(街道)、村(社区)两级的一线社会工作者提供实地督导,与社会工作者共同面对服务对象、解决服务对象的问题,以协同行动的督导确保服务难题第一时间得到回应。其次从县域外部入手,与社会工作良好发展的地区进行友好交流,开展结对共建,引入外部专业力量支持,形成"手牵手"的对口督导机制,以"请进来"和"走出去"的方式进行社会工作者的定期培训、小组督导、外出学习等,确保一线社会工作者在服务过程中遇到的问题能够及时得到多方位的专业支持与回应。通过内部和外部机制建设,培养一支稳定的本土社会工作专业人才队伍,保障社工站的服务质量。

虽然在社会工作督导的教材和研究中存在部分有关督导阶段的模式界定,但从严格意义上来说,社会工作督导并没有绝对的标准流程体系可供参照。通过对督导逻辑的剖析可见,在乡镇(街道)社工站的督导中,服务与治理协同并进,督导自身并不直接参与社工站的服务和基层治理,但可以从旁协助社会工作者梳理服务思路,增强服务实践能力,积极参与基层治理,推动社工站目标的实现。社工站督导的演进逻辑兼容服务实践和治理实践的两层目标。在社会工作实践场景中,服务和治理往往也是协同并进的。督导的可行性框架设计中,在常态阶段流程执行

中要注重对人和事的共同关注,切实从服务与治理两个方面落实。

一 建立有力支持的督导关系

没有关系就没有干预,干预服务是在信任的关系中才能有效推进并达成预期的。同理,督导的成效如何与督导者和被督导者的关系质量紧密相关。因此,督导的首要任务便是与被督导者建立相互信任和支持的督导关系。

第一,对乡镇(街道)社工站服务基本情况足够熟悉。在督导前,要提前了解和评估站点工作团队及其服务工作的相关情况,主要掌握好站点所在乡镇村落(街道)情况、站点服务规划、团队成员基本信息、前期服务执行的情况、可能的相关方情况等,做到心中有数,以便能在第一次督导中有一定的方向性把握。

第二,督导的基本工作要求。一方面是督导者的基本工作素养,主要是指专业形象的管理,包括个人言行、时间管理等。例如在时间管理方面,督导者应提前沟通并做好行程规划,使对方能够做好准备;在行程中按时或提前到达,若因特殊情况而不能准时到达或行程中止,也应及时告知对方;如有相关文件或反馈需要交付给被督导者,应约定交付期限并在期限内交付给被督导者;对每次督导做好充分的准备工作。另一方面需要具备基本的沟通与对话能力。每次督导前都应该和被督导者有一个非正式的沟通,初步了解他们当下的工作状况,再结合主题进行一定的设计,并最好能提前分享督导内容大纲,让参与督导的人员对督导有一定的准备。在讲解问题及传授经验知识时使用被督导者易于理解的语言或案例,及时确认对方的理解和参与状态,使被督导者能够充分感受到被尊重。

第三,创造条件鼓励与支持被督导者。督导过程中关系的建立还应该体现在督导能够创造条件鼓励与支持被督导者发挥主体作用。督导不是督导者的一言堂,也不是知识与技术的单向传输。尤其是在对乡镇(街道)社工站开展督导的过程中,乡镇(街道)社会工作者往往因为自觉能力不足而缺乏自信,不善描述自身的实践情境并表达自己的思考。督导应该意识到,被督导者的实践经历也是非常珍贵的,他们的实务经验也同样是督导过程中的重要对话素材,他们也是督导过程中的重要贡献者。一个支持型督导,应该能够协助被督导者从自身的实践经验中看到价值,看到行动带来的改变,当被督导者在行动中遇到困惑时,能够通过对话协助他们进行梳理,找到下一步行动的切入点,完善行动策略,进一步推进实务向纵深发展。同时,要给予被督导者及时关注,在督导陪伴过程中,对被督导者的情况保持足够的敏感性,能及时回应他们的需要和困惑,关注他们的工作情绪动态,疏导被督导者的不良情绪,对他们的工作情况有较好的同理与回应,使督导效能在协同合作的主体互动关系中得到提升。在这样的对话和互动中,有力的支持型关系才会被真正建立起来。

二）精准评估社会工作者的督导需求

督导实际上是服务社会工作者的一项工作。保障督导工作有效推进的前提就是对社会工作者需求的精准掌握。只有明确乡镇(街道)社工站服务情境中社会工作者的真实需求,督导计划才能有针对性地有所回应。这应是贯穿督导全过程的要点,要时刻关注社会工作者的动态需求并对督导计划予以调整。

社会工作者的需求评估可简要分为正式和非正式两种策略:正式策略就是针对处于不同阶段的社会工作者,设计不同的需求评估量表或问卷,从整体上把握社会工作者对于督导的期待,再有针对性地个别对话,融合问卷,生成更具有针对性的个人督导需求;非正式策略主要通过督导过程和日常工作陪伴的观察,对社会工作者的表现进行对话,引导社会工作者表达需求。在督导过程中对督导需求进行动态评估,并保持三种意识:①对督导关系的敏感。关系会影响被督导者选择对督导的不同程度的开放和表达。②对督导需求的敏感。督导需求是动态变化的,督导应该对其保持动态评估,根据被督导者的变化来调整自己的督导策略。③保持督导的开放性。开放性是指督导者应该开放督导的议程安排,让被督导者也能够有主导督导进程的权利与机会,并允许在督导过程中讨论个人的议题;主动运用对话协助被督导者进行表达。督导过程常常默认为"听督导讲课/指导",被督导者往往意识不到自己也可以表达或者不知道应该如何表达。督导者应该鼓励被督导者大胆表达,并通过对话的方式协助他们进行表达。

（三）生成有效可行的解决方案

督导的可视化成果之一是督导者和被督导者达成共识,达成如何解决服务问题的可行性方案。每次督导探讨的最终导向都是"下一步怎么办",在指导性对话中,督导者应引导被督导者基于乡镇(街道)社工站的实践情境,理顺服务实践的逻辑,梳理真实场景中的不同关系,以被督导者为主体核心,从服务与治理两个层面围绕"怎么办"生成初步服务方案并进行可行性分析讨论,为顺利实施方案创造支持性条件。

督导者在协助进行相关的服务项目或服务方案设计时,应该考虑三个维度:空间关系维度、时间发展维度和意义解释维度。方案中要注重关联性、成长性和主体性的有机融合。一是引导社会工作者在协助服务对象解决个人困扰时,要注意与服务对象困扰相关的日常生活安排和人际关系,特别要注重从整体治理生态角度进行综合考量。二是服务对象的改变通常是一个过程,不是一时之事,在进行服务方案规划时应考虑服务对象成长改变的时间维度,以其成长步伐设计有针对性的服务活动安排。三是主体性,即社会工作者在设计专业服务时需要从服务对象主观感受角度出发,从服务对象是如何理解自己的生活和困境的角度进行服务设计。因此,督导者如何协助被督导者找到现实条件下的行动方案是主要任务,要建立以被督导者为中心的督导关系,从他们的实际工作境况出发开展支持和协助。

（四）跟进服务实施的实际效果

在与社会工作者商讨形成服务方案后,督导者需要动态跟进方案的执行和服务对象的实际反应,坚持成效导向。所以在跟进服务实施中除关注服务的规范与专业性之外,督导者要和被督导者共同审视服务的成效,特别要注意服务的有效性和成效的累加性,关注服务是否协助服务对象解决问题及带来的生活改变。动态有序地跟进服务成效就要对服务活动关注以下内容:服务活动不能仅仅是活动形式,更要关注活动的专业性,特别是服务活动要有明确的目标群体和需要解决的问题导向;服务活动关注的焦点是服务对象的成长改变和社会生态的优化,而不是服务活动本身,活动应该遵循一种"能力—提升"的逻辑演进;引导社会工作者在开展活动时注重服务成效的持续性和累加性,努力将成效进行叠加或转化,特别要从服务与治理两个层面来进行考量。

督导者也需要对被督导者进行动态跟进,确认服务行动的有效性。鼓励被督导者通过对服务行动的回观与反思,拆解行动的步骤,发现自己作为服务实践的主要行动者在这个过程中是如何行动的,行动带来了哪些改变,以及改变是如何发生的;同时讨论自己在这个过程中遇到的困难以及应对策略。从该层面检查行动成效,不仅是对服务的有效推进,也能协助被督导者明确自己的行动成果和价值,增加向前行动的动力。我们不仅需要跟进服务活动,也需要看见在服务活动的设计与执行过程中被督导者作为实践行动的主体在这个过程中的行动、效果及困难,并回到他们的真实情境中去协助他们,支持他们。

(五) 梳理行动经验,探索推进动力

督导是一种共同工作的机制,要逐步围绕项目服务进行开展和推进,协助和支持社会工作者寻找服务推进的方向,在服务探讨中找出社会工作者成长和服务推进的动力。

共同探索服务推进动力可以从四个角度着手。一是从项目服务对象的需要入手,融合项目的整体设计,从服务对象需要的动态满足角度寻找服务推进的空间。二是讨论被督导者遇到的困惑,困惑往往是导致实践出现困难的重要原因,对困惑的梳理和对话,是推动督导和实践的前进动力。三是借助项目运营团队的动力,激发工作团队成员进行思想碰撞与学习对话,团队共同寻找服务推进的方向和可能性。四是对被督导者个人职业发展的阶段和项目进行阶段性融合,调动被督导者的主体性,积极投入项目服务推进工作中。

服务推进动力的寻找是社会工作者自我反思和自我成长的重要节点,协同总结是以项目总结的思维导向社会工作者的个人总结成长。因此,督导的过程实际上是一种人才的培养,要在实务陪伴的基础上,和被督导者一同进行项目服务的反思、总结与提炼,再经由实践与理论的对话,生成一种经过实践验证且有效的服务模式或服务机制,让项目服务活动导向一种实践框架,呈现服务的特色与立体性。这也是一种"反身性观察"的引领过程。反身性表示参与者的思想和他们所参与的事态都

不具有完全的独立性,二者之间不但相互作用,而且相互决定,不存在任何对称或对应。反身性观察即要求督导者和被督导者不要把以往所学的知识及经验当成是绝对的、权威的,而是认识到所学的知识和理论具有片面性,会受到其所处研究环境的局限。因此,督导者与被督导者都要从批判的视角去看待自己所学的知识以及接受的经验,并在实践中不断对其进行反思和发展。

协同式行动的总结与提炼逐步让被督导者学会对零散的服务再次进行整理,在梳理总结具体经验的基础上再回归到与项目开启时的设计进行对话,以更好反观项目服务开展的层次、活动与成效之间的关联,从而提升社会工作者的整体服务思维,并使得后续工作更为立体化地推进。另外,这样的反身性观察也有助于社会工作者跳出项目本身,在治理或更高层次的角度对自己的项目进一步梳理,从服务与治理两个维度提高项目与地方治理的融合性。